AF204930

Bernd Balaschus

Yoga-Geschichten

Wege zur Weisheit

 tredition

Impressum

 tredition

© 2023 Bernd Balaschus
Website: www.shambhala.de

Coverdesign von: Murat Karaçay

Druck und Distribution im Auftrag des Autors:
tredition GmbH, An der Strusbek 10, 22926 Ahrensburg, Germany

Das Werk, einschließlich seiner Teile, ist urheberrechtlich geschützt. Für die Inhalte ist der Autor verantwortlich. Jede Verwertung ist ohne seine Zustimmung unzulässig. Die Publikation und Verbreitung erfolgen im Auftrag des Autors, zu erreichen unter: tredition GmbH, Abteilung „Impressumservice", An der Strusbek 10, 22926 Ahrensburg, Deutschland.

Inhalt

Glossar   211

Zum Weiterlesen   236

Über den Autor   239

Vorwort

Vor langer Zeit hörte ich einmal die Worte, Indien sei weniger ein geographischer Ort auf der Landkarte, als vielmehr ein Platz der Sehnsucht im Herzen und der Seele vieler Menschen. Sie hinterließen einen bleibenden Eindruck in mir. Viele Jahre lang lebte ich später in einem Ashram in Maharashtra an der Westküste Indiens und die Worte fanden ihre Resonanz. Ich lernte mit viel Hingabe und Begeisterung Sanskrit und Mantrarezitation und studierte die alten Schriften. Oft zog es mich von dort aus an die Ufer des heiligen Narmada Flusses, wo ich in den verwunschenen Tempeln und geheiminsvollen Hügeln und Heinen um Nareshvar, Garudeshvar und Mahesvar den Worten heiliger Frauen und Männer lauschte oder in manch verlassenen Einsiedeleien meditierte.

In bleibender Erinnerung sind auch die gemeinsamen Ausflüge mit Arvindbhai, der über viele Jahre hinweg indischer Freund und Weggefährte war. Von ihm hörte ich unzählige Geschichten alter Meister, die an diesem besonderen Fluss lebten. Durch ihn war es möglich, in seinem Heimatort Chandod alte Lastensegler wieder flott zu machen und im zeitlosen Dahingleiten über den ruhig fließenden Strom alte, längst vergangene Pilgerorte aufzusuchen, an denen der Wandel der Zeit fast spurlos vorbeigegangen war. So ist es dieses alte Indien, das für immer einen Platz in meinem Herzen haben wird - auch wenn die rasante Entwicklung der Moderne es immer schwieriger macht, ihm zu begegnen. Aber gerade darin liegt ja vielleicht ein besonderer Zauber, den ich gerne mit Ihnen teilen möchte.

Viel Freude und Inspiration beim Lesen!
Bernd Balaschus

Einleitung: Lehrjahre in Indien

Als ich 33 Jahr alt war, führte mich mein Weg nach Indien. Ich war einem inneren Ruf gefolgt. Es war der Wunsch, aus einer großen seelischen Not heraus geboren, mehr über mich zu erfahren und wissen zu wollen. In Maharashtra, drei Autostunden von der Großstadt Bombay entfernt, lebte ich mehr als sieben Jahre in einem kleinen Ashram auf dem Land. Voller Ehrgeiz und Begeisterung für die alten Schriften, Überlieferungen und Traditionen schlüpfte ich in das Leben eines Yogis, was im Ashram zwangsläufig zu einer Phase des Alleinseins und der Absonderung vom alltäglichen Leben führte. Es war die Zeit des intensivsten Lernens in meinem Leben.

Viveka Chudamani – Das kostbare Juwel der Unterscheidungsfähigkeit, ein Hauptwerk von Adi Shankaracharya aus dem 8. Jahrhundert, wurde meine Lieblingslektüre. Nach dem Duschen um halb vier Uhr morgens trank ich eine Tasse Tee, im Winter oftmals eine zweite, und nahm Platz auf meinem Meditationsteppich vor einem kleinen, selbst gezimmerten Tischchen, wohlig warm in eine Decke gehüllt. Das Rezitieren der Sanskritverse fiel mir leicht, wenn ich den Rhythmus gefunden hatte. Das Alphabet und die Aussprache lernte ich am Anfang meines Aufenthalts von meinem Freund Akiwate. Er war ein älterer, pensionierter Inder, der seine Tage im Ashram verbrachte. Ich bewunderte ihn sehr für sein tiefes, umfangreiches Wissen über indische Kultur und Religion. Arvindbhai, ein weiterer Freund, der jedes Wochenende aus Bombay zu Besuch kam, versorgte mich mit Tonbändern, auf denen Bhajans, Stotrams und das Omkar von Guruji aus Gujarat aufgezeichnet waren. Zuerst schrieb ich den Text in Devanagari-Schrift auf, dann lernte ich ihn auswendig.

Guruji selbst war auch einige Male zu Besuch im Ashram. Bei einem seiner Besuche weihte er mein Harmonium ein, das ich Tage zuvor in Bombay gekauft hatte. Worte sind an sich schon ein sehr begrenztes Mittel, um einen Guru zu beschreiben. Bei Guruji kam hinzu, dass er nicht viel redete; sang er jedoch Bhajans oder das Omkar (die heilige Silbe Om), hatte seine Stimme die Fähigkeit, die Zuhörer in eine andere Dimension zu führen. Mit dem melodischen Nachspielen auf dem Harmonium hatte ich keine Probleme, denn mir kam meine jahrelange Praxis als Organist in der Kirche meines Heimatorts in Deutschland sehr zugute.

An der richtigen Aussprache des Sanskrits feilte ich jeden Tag. Durch ständiges Wiederholen und Üben versuchte ich, die Tiefe der Laute zu erfassen, die Schwingungen zu erfahren, die Schönheit der Reime wirken zu lassen. Und natürlich lernte ich auch viel von der nächtlichen und frühmorgendlichen Stille, die ihre eigene Sprache sprach.

Es war ein Lernen auf verschiedensten Ebenen, und ich war

froh, wenn ich dieses Wissen in kleinen Gruppen an andere weitergeben konnte. Das war mein Kontakt mit dem Außen, mit Menschen, mit meinen Mitbewohnern im Ashram. Ich leitete mehrere Kurse zum Erlernen des Devanagri-Alphabets an. Die Inder nennen ihre Schrift *Devanagari*, was so viel bedeutet wie »von den Göttern gegeben«. Deshalb hängen die Buchstaben von der Grundlinie herab, anstatt wie bei dem lateinischen Alphabet auf ihr zu stehen, um das »Gegebene und Geschenkte« zum Ausdruck zu bringen.

Es gibt eine Geschichte zur Entstehung der Devanagari-Schrift, die mich immer wieder sehr berührt: Einst trugen die Rishis alles nur Vorstellbare und Manifestierte in einen großen Kreis, um den herum sich alle Weisen der Welt versammelt hatten. Jeder der Anwesenden bildete einen Laut zu dem, was er sah, denn Sanskrit geht davon aus, dass der Klang des Wortes auch den Inhalt transportiert und nicht von ihm getrennt sein kann. Der Konsens war das Wort, das von nun an Gültigkeit hatte für den betreffenden Gegenstand.
Weil ich Sanskrit nicht studiert und keine Grammatik gelernt hatte, versuchte ich immer, mir den Inhalt über den Klang der Verse zu erschließen. Es störte mich nicht, wenn ich die wortwörtliche Übersetzung nicht wusste, oft schloss ich nur die Augen und folgte dem Klang, wenn ich einen Vers auswendig konnte und ihn wieder und wieder rezitierte.

In verschiedenen Vorlesungen wurden uns auch die spirituellen Inhalte der *Bhagavadgita* nähergebracht. Wenn ich heute zurückblicke, war es damals ein sehr »theoretisches« Lernen, denn die Verbindung zum alltäglichen Leben, das irgendwo weit draußen in Deutschland und der übrigen Welt stattfand, war nicht sehr ausgeprägt.

Über viele Monate hinweg lernten wir ausgesuchte Kapitel der *Bhagavadgita* und versuchten, sie in Versform zu rezitieren. Wir lernten die Verse auswendig und daraus ergaben sich auch viele Fragen, besonders im Hinblick zu den vier positiven Eigenschaften eines Yogis: *Viveka, Vairagya, Shat Sampat* und *Mumukshutva. Viveka*, die Unterscheidungsfähigkeit zwischen Selbst und Nichtselbst, war etwas, was nicht mit dem Verstand zu erlernen war. *Vairagya*, die Leidenschaftslosigkeit, wie auch *Shat Sampat*, die sechsfachen Tugenden, waren für mich nicht in Reichweite, um sie ansatzweise im täglichen Leben umzusetzen. Daher war *Mumukshutva*, der unbegrenzte Wille zur Erleuchtung, mein Ziel, und es wurde zu meinem Lieblingswort, dessen Inhalt ich mit allergrößter Leidenschaft ausführte. Denn zum »unbegrenzten Willen zur Erleuchtung« konnte ich, wie ich mir dachte, ja viel beitragen, und so lief die tägliche Praxis darauf hinaus, Erkenntnis und Erleuchtung erzwingen zu wollen.

Sama – »Gelassenheit«, *Dama* – »Sinneskontrolle«, *Uparati* – »Abstandsnahme«, *Titiksha* – »Duldungskraft«, *Shraddha* – »Vertrauen« und *Samadhana* – »vollkommene Konzentration, die sechsfachen Tugenden des *Shat Sampat,* waren mir ebenfalls nicht so geläufig, besonders »Geduld«

(*Sama*) und »Ausgeglichenheit« (*Titiksha*) betrachtete ich oft eher als Schwäche denn als Tugend. Es waren Begriffe, deren Sinnhaftigkeit ich damals nicht verstand; und deren Tiefe und Bedeutung ich auch kaum ergründen konnte, denn alles Gelesene, Rezitierte, Gelernte und Erstrebte sollte sich erst später im normalen Leben beweisen und verdeutlichen – und somit die »Feuerprobe« im gelebten Leben bestehen. Aber das war mir während meines Aufenthalts in Indien nicht wirklich bewusst.

Disziplin, Regeln und Rituale spielten für mich auf meinem spirituellen Weg damals eine besonders große Rolle. Und so ist mir über all die Jahre ein Satz meines Lehrers immer im Gedächtnis geblieben. Als ich ihm einmal eine Frage zu meiner Meditationspraxis stellte, antwortete er: »Du wirst viel gelernt haben, wenn du in der Lage bist, die Disziplin und die Regeln beiseite zu lassen.«
Damals verstand ich diesen Satz nicht, denn für mich war es kaum vorstellbar, auch nur ein einziges Mal die mir selbst auferlegte Disziplin aufzugeben. Je strenger die Regeln, desto größer die Herausforderung – so glaubte ich. Standen die meisten der Ashrambewohner um sechs Uhr morgens auf, so beschloss ich, bereits um halb vier Uhr aufzustehen. Hatten die anderen geregelte Mahlzeiten, verzichtete ich grundsätzlich auf das Abendessen. War ein Essen von unserem Koch besonders schmackhaft und nahmen alle einen Nachschlag, blieb ich verbissen bei meinem *One Serve*, der yogischen Regel, die besagt, dass nur die Menge gegessen wird, die einmalig auf das Tali kommt. Ich

erlaubte mir keinen Nachschlag, egal wie lecker die Speisen waren. Und ich zwang mich, nicht zu bewerten, was gut schmeckte und was weniger gut. Schließlich wollte ich ein besonders guter Schüler und Yogi sein und dachte, dass dies dadurch zum Ausdruck kommt, wie hart und diszipliniert ich die Regeln einhalten würde.

Kam ich von einer Filmproduktion in Deutschland oder woanders im Ausland wieder zurück nach Indien, erreichte ich den Ashram nach der Landung in Bombay mit dem Taxi meist erst nach Mitternacht. Ich stellte dann zwei Wecker auf drei Uhr dreißig, damit ich um vier Uhr morgens nach zwei Stunden Schlaf wieder meine spirituelle Praxis beginnen konnte. Ich kämpfte gegen die große Müdigkeit des Körpers, kämpfte gegen das Bibbern am Morgen im Winter, wenn ich das eiskalte Wasser über den Körper goss und ein Reinigungsmantra zwischen den Lippen hervorpresste. Mehrere Monate lang entfernte ich die Matratze aus meinem Zimmer, um auf dem Steinboden mit einer Wolldecke zu schlafen; nur um mir selbst zu beweisen, wie groß meine Bereitschaft war, auf alle Bequemlichkeit zu verzichten, um die Erleuchtung herbeizuzwingen. Erst Jahre später wurde mir klar, dass die Weisheitslehren, wie sie in der *Bhagavadgita* dargelegt werden, nicht nur etwas für den Intellekt sind, sondern dass sie gelebt und umgesetzt werden wollen, damit sie in ihren vielseitigen Aspekten den Praxistest des gelebten täglichen Leben bestehen.

Die bohrende Frage »Wer bin ich?«, die ich mir immer wieder stellte, führte zu vielen Gruppen- und Meditationserfahrungen, die mich nur noch mehr ermunterten, den Weg des Yoga zu beschreiten. Erst als ich den Ashram verlassen hatte, Jahre später im Westen und dann auf meinen Reisen und Wanderungen in Tibet, Ladakh und Zanskar, wurden mir Zusammenhänge klar. Ich erinnere mich, als ich das erste Mal den Berg Kailash auf dem tibetischen Hochplateau sah, in einer Schönheit und majestätischen Erhabenheit, die nicht von dieser Welt zu sein schienen und die nicht in Worte zu fassen waren. Dieses Stillsein, dieser eine zeitlose Moment, wenn die ununterbrochenen Gedankenströme unseres Verstandes für kurze Zeit aufhören, weil jedes Wort, jeder Gedanke nicht im Entferntesten an das heranreicht, was erlebt und im wahrsten Sinne *geschaut* wird, enthüllt eine Weisheit jenseits aller Begrifflichkeiten. Es war ein kurzes Eintauchen in das reine Sein, als gäbe es weder Zeit noch Raum. Damals jedoch, während meines Aufenthalts im Ashram, war es für mich schwierig, die Verse der *Bhagavadgita*, die ich täglich rezitierte, zu verstehen und ihre weittragende Bedeutung zu erfassen.

Für vieles wurde in meiner Ashramzeit in Indien der Samen gelegt. Dem Aufgehen der Samen sollten Jahre folgen; erst im täglichen Leben in Deutschland wurde mir bewusst, wofür Begriffe wie Leidenschaft, Gier, Verblendung usw. stehen und wie sehr sie unser Leben bestimmen. Nach meiner Rückkehr in den Westen wurde ich mit all den Dingen des täglichen Lebens konfrontiert, die in der Praxis so konträr zum vordergründigen Leben eines Yogis waren und die ich in Indien ausgeklammert hatte, nämlich das ganz normale Leben in der Gesellschaft mit all seinen Verpflichtungen und Verantwortungen: z. B. eine Familie zu gründen, eine Organisation für spirituelle Reisen aufzubauen, eine Schule im Himalaya zu gründen, Seminare zu organisieren und zu leiten. All dies geschah in einer Zeit, als es darum ging, meinen Platz im Leben zu erkennen und einzunehmen – aufbauend und zehrend von den Erfahrungen der Losgelöstheit einer spirituellen und meditativen Praxis vom Alltag, abgeschottet von den Wirren und dem Auf und Ab des täglichen Lebens. Und es war ein langer Weg vom Einsiedler im Ashram in das Hier und Jetzt mit vielerlei Verantwortungen.

Aber alles hat aus Sicht der *Bhagavadgita* die gleiche Qualität, da alle Erscheinungsformen Ausdruck des All-Einen sind. Um an diesen Punkt des Verstehens zu gelangen, hat es viele Jahre des Lernens in Indien gebraucht – und viele Lehr- und Praxisjahre im Westen, im Alltag, auf kleinen und großen Reisen, mit Gruppen oder alleine.

Einige dieser Erfahrungen möchte ich gerne mit Ihnen teilen und Sie an meinen Begegnungen mit einfachen Menschen, mit Yogis, Sadhus und Meistern teilhaben lassen. Ich möchte Sie mitnehmen an spirituelle Orte in Indien, Tibet und in die Bergwelt des Himalaya, an denen seit Jahrtausenden Pilger und Wanderer Inspiration, Klarheit und Weisheit suchen. Einige sind selbst erlebte, andere sind gehörte Geschichten – dabei wohl wissend, dass jeder Mensch seine eigenen Erfahrungen machen muss, die das Leben für ihn bereithält.

Mögen die Zeilen dieses Buches Ihnen auf Ihrem Lebensweg Motivation und Ansporn sein oder auch nur eine besinnliche Pause und Reflexion beim Betrachten der vielfältigen Darbietungen auf der Bühne des Lebens.

Ich möchte mit einem bekannten Sanskrit-Gebet schließen:

OM sahanaavavatu, sahanaubhunaktu,
sahaviryam karavaavahai,
tejasvinaavadhiitamastu,
ma vidvishaavahai!
OM shanti, shanti, shanti.

»Mögen wir alle beschützt sein und mögen wir alle immer genährt werden, mögen wir gesund und stark werden, möge unser Lernen mit dem Licht der Erkenntnis durchdrungen sein und es keine Trennung und Feindschaft geben zwischen uns!
OM Friede!«

In diesem Sinne wünsche ich Ihnen viel Freude und Inspiration beim Lesen!

Ihr
Bernd Balaschus

Die Bhagavadgita

Die *Bhagavadgita* begleitete mich nicht nur während meiner Zeit in Indien, als wir im Ashram immer wieder Verse aus ihr rezitierten und Vorlesungen über ihre spirituelle Bedeutung bekamen; auch in anderen Zeiten meines Lebens spielte sie als spirituelle Lektüre eine wichtige Rolle. Aus diesem Grund bildet sie hier im Buch die äußere Struktur, und die hier beschriebenen Geschichten werden verschiedenen Aspekten der *Bhagavadgita* zugeordnet. Viele der Geschichten zeigen auf, dass es sich bei der *Bhagavadgita* nicht nur um ein theoretisches, philosophisches Konstrukt handelt, das vor mehreren Jahrtausenden geschrieben wurde, sondern dass ihre tiefe Weisheit jedem von uns auch heute noch helfen kann, den eigenen Alltag besser zu verstehen. Um zu verstehen, worum es in der *Bhagavadgita* geht, möchte ich einige Aspekte kurz erläutern, wohl wissend, dass sie nicht vollständig behandelt werden können.

Die *Bhagavadgita*, die auch als der »Gesang Gottes« bezeichnet wird, ist nicht nur einer der wichtigsten Texte der indischen Kultur, sondern gilt als eines der größten Weisheitsbücher der Weltliteratur überhaupt. Die *Bhagavadgita*, die als die Basis der Yogalehre betrachtet wird, ist eine Zusammenführung verschiedener Denkschulen des damaligen Indiens. Sie basiert auf der Grundlage der *Veden*, des orthodoxen Brahmanismus, der *Upanishaden*, des Yoga und weiterer Richtungen, wobei sie gedanklich den *Upanishaden* am nächsten steht.

Die *Bhagavadgita* zählt zu den Texten der *smriti*, den sogenannten religiösen Lehrbüchern, nimmt jedoch eine Sonderstellung ein, weil sie von nahezu allen großen spirituellen Meistern kommentiert wurde und in deren Leben eine wichtige Rolle spielte bzw. auch heute noch spielt. Mahatma Gandhi ist ein schönes Beispiel dafür. Als er starb, machte man ein Foto von seiner gesamten Habe, die aus seinem schlichten weißen Baumwollumhang, seiner Brille, seinen Sandalen und einem abgegriffenen Exemplar der *Bhagavadgita* bestand. Für Gandhi stellte sie eine Quelle endloser Inspiration dar und er las täglich in ihr. Doch nicht nur für den Mahatma war die *Bhagavadgita* ein unverzichtbarer Bestandteil seines täglichen Lebens. Auch heute noch wird sie in Indien sowie in aller Welt von Millionen von Menschen mit großem Interesse gelesen.

Die *Bhagavadgita* gilt als eine der Grundschriften des Hinduismus und des religiösen Yoga und beeinflusste wie kaum ein anderes Werk die Menschen in ganz Indien sowie das Yoga als solches. Sie ist eine der ersten altindischen Schriften, die auch in Europa bekannt wurde. Der in der *Bhagavadgita* beschriebene Krieg zwischen zwei feindlichen Lagern ist nicht nur als vordergründiges Kriegsgeschehen zu verstehen, sondern spielt auf mehreren Ebenen. Er ist vor allem als Symbol für die Gegensätze von Gerechtigkeit und Ungerechtigkeit, von Gut und Böse, von Licht und Schatten zu verstehen, die sich sowohl in der äußeren Welt als auch im Inneren eines Menschen manifestieren.

Die Lehren der Bhagavadgita

Die Lehren der *Bhagavadgita* sind in das dramatische Epos *Mahabharata* eingebettet. Die Söhne des Fürsten Pandu werden von ihrem Onkel Dritarashtra aus dem Stamm der Kurus und von dessen Söhnen um ihren rechtmäßigen Thronanspruch betrogen und sind immer wieder Verfolgungen ausgesetzt. Nach langjähriger Verbannung kommt es schließlich auf dem Schlachtfeld von Kurukshetra, der »Stätte der Kurus«, zu einer großen Schlacht. Arjuna, der dritte Sohn des Pandu, befindet sich in einem großen inneren Konflikt, weil er einerseits zwischen Verbundenheit zu seinen Verwandten, die auf der Gegenseite kämpfen, und seiner Verantwortung als Fürst und dem rechtmäßigen Anspruch seiner Familie auf Land und Thron gefangen ist.

Er ist »von Furcht überwältigt« und weigert sich, den Kampf aufzunehmen. Auf seinem Streitwagen befindet sich Krishna als Wagenlenker, den sich Arjuna in seiner verzweifelten Lage als Beistand geholt hat. Krishna erteilt Arjuna religiös-philosophische Unterweisungen, die dazu dienen, dessen Zweifel zu zerstreuen und ihn dazu zu bewegen, den gerechten Kampf aufzunehmen.

Die Unterweisungen werden in der Form von Lehrgesprächen dargestellt. Es handelt sich dabei um feierlich-religiöse, yogische Lehren von Krishna, dem Erhabenen, der als eine irdische Manifestation des Gottes Vishnu betrachtet wird (als sein achter Avatar). Er lehrt den für Dharma, Recht und göttliche Ordnung eintretenden Krieger Arjuna, was in dieser Situation zu tun ist. Die Gespräche sind in Form eines Lehrgedichts mit 700 Sanskritversen verfasst, die sich auf 18 Gesänge (Kapitel) verteilen, die wiederum in drei Gruppen unterteilt werden.

Die ersten sechs Kapitel konzentrieren sich mehrheitlich auf das Überwinden des Selbst und gleichzeitig auf die erfolgreiche Erfüllung der eigenen Pflichten zum Wohl der Gesellschaft. Die nächsten sechs Gesänge befassen sich mit der wahren Natur Gottes und der großen Liebe zu ihm. Diese speist sich aus Erkenntnis und dem tiefen Verständnis gegenüber der göttlichen Natur. In den abschließenden sechs Gesängen werden besondere Erkenntnisse und Weisheiten vermittelt, die dazu dienen, den wahren Sinn des irdischen Daseins zu verstehen, der der *Bhagavadgita* zufolge darin besteht, sich von dem unvermeidlichen Schmerz und Kummer zu befreien, dem man in diesem Leben bis zu seinem Tod ausgesetzt ist.

Absichtsloses Tun

Eine der zentralen Aussagen, die Krishna seinem Schüler

Arjuna vermittelt, bezieht sich auf das absichtslose Tun. Als Arjuna sich auf dem Kriegsschauplatz wiederfindet und plötzlich seine Verwandten in dem gegnerischen Heer erkennt, erlebt er einen großen Gewissenskonflikt. Er ist davon überzeugt, nicht gegen seine Onkel, Freunde und Lehrer kämpfen zu können, auch wenn es die Situation erfordert. Wörtlich sagt er: »Ich kann für eine Sache, sei sie auch noch so gerecht, keinen Krieg führen und dabei meine ganze Familie und Verwandtschaft auslöschen.«

Um diese innere Haltung zu verstehen, muss man wissen, dass Familie und Familienbande zum damaligen Zeitpunkt einen extrem hohen Stellenwert in Indien hatten. Arjuna beharrt immer wieder aus seiner innersten Überzeugung heraus: »Ich kann und ich will nicht gegen meine Verwandtschaft kämpfen.« An dieser entscheidenden Stelle beginnen die Lehrgespräche zwischen Schüler und Lehrer, und genau an dieser Stelle ist es auch notwendig, die verschiedenen Ebenen der *Bhagavadgita* zu studieren.

Und dann kommt eine der wichtigsten Aussagen der Belehrungen durch Krishna, die auch für mich persönlich immer wieder eine große Herausforderung in meinem Leben war: Es geht nicht um das individuelle Wollen, Tun, Streben usw., sondern vielmehr darum, ob dieses eigene Tun im Einklang steht mit unserem Dharma, mit dem was zu tun ist, was wir gemäß der göttlichen Ordnung zu tun haben. Und hierin lieg eine große Aufgabe: Unser Handeln nicht mehr mit den kleinlichen Querelen des Egos zu verknüpfen. Es ist eine der schwierigsten Herausforderungen und Fragestellungen auf dem Yoga-Weg, zu prüfen, ob und auf welche Weise das individuelle Tun im Einklang mit der Göttlichen Ordnung steht, oder ob allein aus egoistischen Motiven heraus gehandelt wird und somit eine weitere Selbsttäuschung vorliegt.

Wenn wir uns immer wieder diese Frage stellen: »Wer handelt?«, »Wer denkt?«, »Welche Zielsetzungen habe ich?« oder »Was bezwecke ich mit meinem Tun?«, dann haben wir eine Chance, das kleine bescheidene, ich-hafte Tun auf eine höhere, selbstlose Ebene zu transformieren. Eines der besten Verfahren in dieser Hinsicht ist, auf alle Früchte unserer Handlungen zu verzichten.

Arjuna glaubt, dies nicht zu können. Zu sehr ist er in seiner Ich-Haftigkeit, in seinen Gefühlen gefangen und weigert sich standhaft, gegen diese inneren Überzeugungen zu handeln. Doch Krishna belehrt ihn eines Besseren, indem er ihm mitteilt, dass das große Weltengeschehen schon einen Schritt weiter ist als Arjunas individuelle Weigerung, denn die Heere stehen sich bereits gegenüber. Die Schlacht, die es jetzt zu schlagen gilt, ist eine Entscheidungsschlacht, auf die schon seit langer Zeit alles hinauslief. Es ist ein Kulminationspunkt, eine Situation, der nicht mehr ausgewichen werden kann. *Es bleibt nur noch zu tun, was zu tun ist.*

Krishna weist den jungen Arjuna an diesem Punkt darauf hin, dass er seine Pflicht zu erfüllen und im Sinne des großen Ganzen zu handeln habe. Diese Schlacht ist zu schlagen.

Ein Handeln, das die Früchte des Handelns ausschließt, wird auch »absichtsloses Tun« genannt; wir begegnen diesem Aspekt nicht nur in der Yoga-Philosophie, sondern auch in anderen spirituellen Traditionen, wie zum Beispiel dem Zen-Buddhismus.

In der christlichen Welt hat Martin Luther diese Geistesausrichtung mit dem folgenden Wort ausgedrückt: »Selbst wenn ich wüsste, dass morgen die Welt zugrunde geht, würde ich heute einen Apfelbaum pflanzen!« Was Martin Luther mit diesem Beispiel ausgedrückte, hätte Krishna vielleicht so ausgedrückt: »Du solltest alles tun, um den Apfelbaum zu pflanzen. Wenn es deine Aufgabe ist, dann pflanze diesen Apfelbaum. Mache dich kundig, wie und wann ein Baum gepflanzt wird, wann der erste Schnitt erfolgen sollte und wie er geschnitten und gedüngt werden muss. Tue alles, damit aus dem kleinen Bäumchen ein großer Apfelbaum wird, der reichlich Früchte trägt. Das ist das Ziel, das wir erreichen möchten.«
Und trägt der Baum reichlich Früchte, gilt es immer zu bedenken, dass diese Früchte nicht für uns bestimmt sind. Wir sollen uns Tag für Tag lediglich dafür anstrengen, *dass* der Baum die schönsten Früchte trägt.

Die hier im Buch aufgezeigten Geschichten verdeutlichen, wie schwer uns dieses *absichtslose Tun* fallen kann und wie sehr wir immer wieder geneigt sind, doch auf die Früchte unseres Handelns zu schielen – und sei es auf eine sehr subtile und verborgene Art. Letztendliche Klarheit und Bestimmtheit über unsere Motivation können nur wir selbst uns geben. Die Aspekte und Zielsetzungen unserer Handlungen mögen vielfältig sein – die Belehrungen durch Krishna in der *Bhagavadgita* zeigen uns auf, wie sehr wir in unserem Geist gefangen sind und wie schnell wir uns auf inneren und äußeren Schlachtfeldern wiederfinden.

Vielleicht helfen Ihnen die Geschichten dabei, solcherlei »innere Kriege« zu befrieden und sich dem zuzuwenden, um was es in der *Bhagavadgita* geht: Das absichtslose Tun zu realisieren mit Blick auf das Göttliche – ohne die Früchte zu beanspruchen. Wie wir die Mauern unserer selbst gefertigten geistigen Gefängnisse niederreißen können, wie wir unsere Geisteshaltung neu ausrichten können, wird beides Schritt für Schritt in der *Bhagavadgita* aufgezeigt. Weil sie so alltagstauglich ist, ist sie für viele Menschen eine Art Leitfaden, der sie dabei unterstützt, inmitten ihres Alltags mit all seinen Herausforderungen ein spirituelles Leben zu führen. Auch lehrt die *Bhagavadgita*, wie in unserem Leben Leid und Kummer zu transformieren sind und wie wir trotz aller Probleme und Herausforderungen innere Zufriedenheit und ein heiteres Gemüt erlangen können. Und letztendlich ist sie ein Wegweiser zum letzten großen Ziel: dem Erkennen, dass das, was wir *Ich* nennen, auch nur eine Illusion ist, und dass das wahre *Selbst* nie von dem *einen Göttlichen* getrennt war und sein wird. Wenn wir diese Erkenntnis realisieren, leben wir in Frieden mit uns und der Welt.

Die Bhagavadgita . . . .

Lehrer-Schüler-Beziehung

Es ist ein zentrales Ereignis in der *Bhagavadgita*, dass Arjuna seinen Wagenlenker Krishna als spirituellen Lehrer anerkennt. Als Arjuna sich vollkommen in die Obhut von Krishna begibt und den Wunsch äußert, von Krishna lernen zu dürfen, beginnt dieser, seinen neuen Schüler Schritt für Schritt in die tiefe Spiritualität und Weisheit des Yoga einzuführen. Krishna achtet dabei immer darauf, dass das Vermittelte von Arjuna aufgenommen wird und dieser es auch mit seinem Herzen erfassen kann.

Viele Menschen sehnen sich nach einer solch intensiven Beziehung zwischen spirituellem Lehrer und Schüler wie die zwischen Krishna und Arjuna. Und jeder, der ernsthaft auf dem spirituellen Weg ist, ist meist gleichzeitig auch auf der Suche nach einem Meister oder Guru. Aber sowohl die Suche nach einem Meister als auch die Begegnung mit ihm verlaufen oftmals ganz anders, als wir es uns vorstellen.

Wenn wir uns auf die Suche nach einem Guru oder spirituellen Lehrer machen, ist der Anlass meist eine große innere Not: Uns wird immer deutlicher vor Augen geführt, in welch engem Kreis wir uns nur um uns selbst drehen und in welchem Hamsterrad wir laufen. Unser Ziel ist es dann, dieser unangenehmen und für unser Ego bedrohlichen Situation zu entkommen und sie zu überwinden. Oft begeben wir uns erst dann auf die Suche nach einem Lehrer, wenn die Not am größten ist. Es heißt ja auch, dass, wenn der Schüler bereit und die Zeit reif ist, der Lehrer von selbst erscheine, während alles verzweifelte Suchen sinnlos sei, wenn der Schüler noch nicht reif für einen Lehrer ist.

Ich selbst war vor mehr als dreißig Jahren in solch einer großen inneren Not, ohne dass ich mir über die Ursachen im Klaren war. Während es auf der beruflichen Ebene im Außen alles bestens lief, konnten die Verzweiflung und die innere Unruhe, die ich spürte, nicht länger unterdrückt werden. Und ich hatte keinerlei Vorstellung, wonach ich eigentlich suchte.

Mir wurde immer deutlicher bewusst, dass in meinem Leben etwas falsch lief. Das eigene Tun, Denken und Handeln sah ich wie durch einen Schleier, schemenhaft und unwirklich, als ob ich wie ein äußerer Betrachter auf mich selbst schauen würde. Meine Alltagsaktivitäten wurden weniger, ich ging kaum noch aus, telefonierte kaum noch mit Freunden; stattdessen sah ich mich immer öfter darüber grübeln, welchen Sinn mein bisheriges Leben ergab: »Was nützt es mir, im Außen erfolgreich zu sein und viel Geld zu verdienen, wenn ich trotzdem immer wieder in Gedanken von Alleinsein, Unglücklichsein und Verzweifeltsein verfalle?« Diese Frage stellte ich mir oft.

Eines Tages zog ich die Notbremse, sagte alles ab, was

derzeit an Projekten geplant war, und fuhr auf einen abgelegenen Bauernhof im Wendland, der Freunden von mir gehörte. Es war Anfang des Jahres und einer der kältesten und schneereichsten Winter der letzten Jahrzehnte. Und so fand ich mich allein mit mir selbst in einem kleinen, kalten Zimmer in einer eingeschneiten Landschaft wieder. Es dauerte Monate, ehe diese selbst gewählte Isolation ein Ende fand: Eine Bekannte aus Berlin überredete mich, mit ihr in Hamburg einen Film über einen Ashram in Indien anzuschauen. Die fremden Bilder, die Menschen, die Intensität des Lebens dort, der Guru sowie die Radikalität, Überkommenes infrage zu stellen und das eigene Sein, das Selbst zu erkunden, rührten mein Inneres auf – und kurze Zeit später kaufte ich mir ein Flugticket nach Indien und flog ins Geburtsland vieler Yogis. Es war der Beginn einer langen Reise zum Selbst.

In den folgenden Jahren, in denen ich Indien viele, viele Male bereiste, begann ich, dieses Land zu lieben: das vermeintliche, vordergründige Chaos, die Menschen, die Religiosität, die Ashrams und Pilgerorte. Kaum ein anderes Land unterstützt seine Yogis, Sadhus, seine Wahrheitssucher so sehr wie dieses Land – in welcher Weise auch immer. *Bharat Mata*, »Mutter Indien«, nennen die Inder ihr Land. Und wie eine Mutter war Indien zu mir: nährend, mich fördernd und fordernd, mich jeden Tag zwingend, meine westliche Logik und verstandesmäßigen Vorstellungen infrage zu stellen oder über Bord zu werfen. Es ist eine riesengroße Herausforderung für den Verstand und ein Streicheln und Liebkosen der Seele, wenn an die Pforte zum Eingang des Selbst geklopft wird.

Mein späterer Lehrer, bei dem ich eine lange Zeit verbrachte, sagte mir einmal in einem Gespräch, dass er mich nicht als Schüler hätte akzeptieren können, wenn ich zwei oder drei Jahre früher zu ihm gekommen wäre; eine Aussage, die mein damaliges Selbstverständnis doch sehr erschütterte. Es waren Jahre des Ringens: mit mir selbst, mit meinen Mitbewohnern, mit meinem Lehrer und vor allem mit meinem Bild von mir selbst. Für Schüler und Lehrer braucht es die Ebene des gegenseitigen, tiefen Vertrauens, denn es ist härteste Arbeit, mit verfestigten falschen Ich-Vorstellungen aufzuräumen. Das Zustandekommen solch einer außergewöhnlichen Begegnung ist eine Sternstunde und ein segensreicher Moment im Leben beider.

Hoffnungen und Wünsche des Schülers

Hat der Schüler das große Glück, endlich von einem Lehrer gefunden und als Schüler akzeptiert zu werden, ist dies auf Seiten des Schülers naturgemäß mit vielen Hoffnungen und Wünschen verbunden. Zuerst steht dabei die Erwartung, dass alle eigenen Probleme und am besten auch die der Welt binnen kürzester Zeit gelöst werden. Natürlich weniger durch eigene harte Arbeit und das Abbauen all der falschen Vorstellungen vom Ich, sondern durch Magie und Weisheit des Lehrers.

Dafür muss der Lehrer in allen seinen Aspekten erhöht werden. Man möchte das eigene Schicksal in seine Hände legen, die Verantwortung abgeben und sich selbst nicht weiter darum kümmern. Im Lehrer-Schüler-Verhältnis mündet diese Art von Erwartungshaltung fast immer in einer Enttäuschung seitens des Schülers. Denn ein Lehrer kann den Weg zeigen, gehen muss jeder Einzelne ihn selbst. Er kann erklären, wann schwierige Wegstrecken kommen, wann eine Wüste zu durchqueren ist, wann ein Regenwald. Auf günstige Orte für eine Rast kann hingewiesen werden oder auch auf schwierigste Bergstrecken.

Natürlich sind auch Unterweisungen sehr nützlich, mit welchem Gepäck wir reisen sollten. Der Schüler kann durch die Hilfestellung und die Hinweise des Lehrers viel unnützes Handeln und viele Irrwege vermeiden. Natürlich bietet ein Ashram oder eine Gemeinschaft auf dem spirituellen Weg viele Vorteile, denn meist ist dies ein abgeschotteter Raum, wo viel vom weltlichen Geschehen abgehalten oder abgemildert wird. Und auch die Tagesabläufe sind so gestaltet, dass Meditation, Yoga, Lernen auf vielfältigste Art einen natürlichen festen Platz haben. Nicht zu vergessen: Dort leben wir mit Gleichgesinnten. Im Buddhismus ist die *Sangha,* die »Gemeinschaft«, eine der drei Juwelen, zu denen in einem besonderen Gelübde Zuflucht genommen wird.

Befinden wir uns in einem Lehrer-Schüler-Verhältnis, liegt ein Hauptaugenmerk auf unserem Kritikvermögen. Einer der spirituellen Kernsätze lautet: »Du denkst, was du bist, und du bist so geworden, wie du gedacht hast. Mit unseren Gedanken erschaffen wir die Welt.«

Auf dem spirituellen Weg ist eine der wichtigen Herausforderungen die Überprüfung und der Abbau unserer Glaubensvorstellungen und Überzeugungen. Je weiter wir auf dem Weg voranschreiten, desto mehr verlieren wir den vorher fest geglaubten, altbekannten Boden unter unseren Füßen. Und dann beginnt das Bewerten: Wir bewerten unsere vermeintlichen Fortschritte, unsere Rückschläge, das Tun unseres Lehrers, unserer Mitmenschen und unserer Freunde. Und wir urteilen und verurteilen.

Es ist ein schmerzlicher Prozess des Loslassens. Dabei können wir materielle Dinge oft leichter hergeben als unsere Überzeugungen und Urteile. Wir halten daran fest, weil wir sie als existenzielle Notwendigkeit für unser Leben betrachten; wir glauben, ohne sie nicht leben zu können. Es ist dies ein Punkt des Weges, wo alles eng und überholt ist und abgestreift werden sollte, das Neue sich jedoch noch nicht abzeichnet und Kontur gewonnen hat. In solchen Momenten klammern wir uns am Alten fest, denn loszulassen scheint oft die noch größere Herausforderung zu sein.

Ich erinnere mich an eine Situation am Anfang meines Indienaufenthalts, als vieles in dem ländlichen Ashram noch sehr provisorisch war. Unser Essensplatz war ein Zelt mit notdürftig zusammengebauten Bänken und Tischen. Die

Monsunzeiten waren zur damaligen Zeit noch sehr regel-
mäßig und ab und an sehr heftig. Oftmals stand das Wasser mehr als einen Meter hoch. Nach einem kurzen Aufenthalt in Deutschland war ich gegen Ende des Monsuns nach
Indien zurückgekommen. Der erste Eindruck war mehr als
ernüchternd, denn das Zeltdach hing in Fetzen herab. Alles
sah schäbig und trostlos aus, und als trostlos war auch meine Stimmung die folgenden Tage zu bezeichnen. Ich beschloss, dieses Experiment, in einem indischen Ashram zu
leben, abzubrechen, weil es überhaupt nicht mehr meinen
Vorstellungen entsprach. Hals über Kopf packte ich meine
Sachen und fuhr per Anhalter nach Bombay und weiter zum
Flughafen. Der Flug war an diesem Abend jedoch nicht nur
ausgebucht, sondern weit überbucht, und irgendwann ergab das Anstehen in der Warteschlange keinen Sinn mehr.
Ich setzte alle Hoffnung auf den folgenden Abend – wieder
vergebens. Und dann kamen Verzweiflungs- und Panikge-
fühle hoch: Ich wollte auf jeden Fall Indien verlassen, koste
es, was es wolle. Vernunft und Unterscheidungsvermögen
waren nicht mehr vorhanden. Über eine Bekannte kaufte ich
ein neues Flugticket nach Deutschland und ließ mein altes
Ticket verfallen. Rückblickend bin ich immer noch erstaunt,
mit wie viel Kraft, Energie und Willen ich versuchte, meinen
einmal gefassten Entschluss durchzusetzen und zu erzwingen. Wäre ich vor Ort im Ashram geblieben und hätte ich
diese Gefühle einmal in Ruhe angeschaut, ohne mich mit
ihnen zu identifizieren, hätte ich vielleicht viel Geld und Zeit
gespart. Damals erkannte ich noch nicht, dass meine Vorstellungen von einem Ashram und einem Guru wenig mit

der Realität zu tun hatten. Ich wollte zwar Erleuchtung erlangen, aber ich hatte so starke Vorstellungen und Wünsche, in welcher Umgebung dies passieren sollte, dass ich es nicht aushielt, dass sich die Realität anders verhielt, als ich es mir wünschte. Aber auch andere Menschen werden in ihren Hoffnungen und Wünschen auf dem spirituellen Weg immer wieder jäh enttäuscht.

Vertrauen in den Lehrer

Im tibetischen Buddhismus kennen wir die Praxis des Guru-Yoga, in der der Meditierende eine tiefe Verbindung mit seinem Lehrer anstrebt und aufbaut. Diese Verbindung geht weit über den eigentlichen Begriff des Wortes *Vertrauen* hinaus, man könnte es eher eine *Verschmelzung* mit dem Lehrer nennen. Absolutes Vertrauen in und Hingabe an die Position und Person des Lehrers sowie ein ebenso großes Vertrauen in die eigene Fähigkeit von Einschätzungs- und Urteilsfähigkeit sind auf diesem spirituellen Weg für ein Voranschreiten notwendig, ja, sie sind Grundvoraussetzung und Bedingung.

Vertrauen ist hierbei ein Aspekt, der alle Ebenen des Seins durchdringt; das Vertrauen kann dabei nicht intellektueller Natur sein, sondern nur dem tiefsten Grund des Wünschens, Fühlens und Wollens entspringen. Vertrauen verlässt die Ebene des Bekannten und Gewohnten und führt darüber hinaus. Sie führt in unbekannte Landschaften, setzt uns ungewohnten Ereignissen und Erlebnissen aus, auf die wir nicht in einer uns gewohnten Weise reagieren können. Vertrauen nötigt uns, zu »springen«, uns dem »Fluss des Lebens« zu überlassen.

Eine Geschichte, die im Buch *Autobiograhie eines Yogi* von Paramahansa Yogananda erzählt wird, zeigt dies auf eindrucksvolle Weise:

Mahavatar Babaji, ein großer Meister, lebt seit vielen Hundert Jahren im Himalaya in der Gegend von Badrinarayan. Yogananda erzählt, wie Babaji mit seinen Jüngern auf einer Wiese oberhalb einer Klippe verweilt, als ein Mann sich der Gruppe nähert und atemlos zu Babaji sagt: »Endlich habe ich dich gefunden, großer Guru. Bitte nimm mich als deinen Schüler an!« Babaji jedoch weigert sich, dem Mann weiter zuzuhören und lässt in wegschicken. In größter Verzweiflung entgegnet dieser: »Viele Monate habe ich dich in den Bergen des Himalaya gesucht; endlich habe ich dich gefunden. Wenn du mich wegschickst, ergibt mein Leben keinen Sinn mehr und ich werde mich von der Klippe stürzen.«
Babaji erwidert nur kurz: »Nun denn …«, und nachdem der Mann von der Klippe gesprungen und sein Körper tief unten im Tal aufgeschlagen ist, lässt Babaji dessen körperliche Überreste von seinen Schülern zu sich bringen – und erweckt den Mann wieder zum Leben. Eine »Auferstehung«, ein »Wieder-ins-Leben-Kommen« durch die Gnade von Babaji. Keiner seiner Schüler kann verstehen, weshalb Babaji vorher in ruhigem und nach außen hin kalt wirken-

den Tonfall den Mann abgewiesen und ihn in den Tod springen lassen hat.

Später erzählte Babaji seinen Schülern, dass dieser Mann alles auf seinem spirituellen Weg erreicht hatte bis auf das absolute Vertrauen in einen Guru. Als Babaji ihn wegschickte, war für den Mann ein Punkt erreicht, ab dem sein Leben ohne den Guru keinen Sinn mehr ergab, und aus tiefster Bejahung, aus tiefstem Vertrauen zu seinem Lehrer, auch in dem Moment der größten Zurückweisung, erfüllte sich sein Karma, als er in den Abgrund sprang. Nun konnte der Mann in die Jüngerschaft von Babaji aufgenommen werden. Wenn Babaji ihm gesagt hätte, dass er ihn als Schüler nur unter der Bedingung akzeptiere, wenn er die Klippen hinunterspringe, wäre dies eine völlig andere Voraussetzung gewesen und hätte eine andere Wirkung gehabt. Denn dann wäre das Springen des Mannes ein logischer Schritt gewesen, und er hätte die Hoffnung gehabt, dass Babaji ihn nur prüfen wolle. Aber dieser Mann war ohne diese Gewissheit gesprungen. Er wusste keinen anderen Ausweg mehr, und sein Verstand hat ihn nicht von dem Sprung zurückgehalten, denn es gab nur die Alternative bei Babaji oder tot zu sein. Das Springen von der Klippe war das Überwinden und Transzendieren des Verstandes. Babaji hatte diesen Punkt erkannt, doch der Mann selbst wusste es nicht. Deshalb war der Sprung ein Beweis seines absoluten Vertrauens – nicht nur in Babaji, sondern in die Essenz seines eigenen Seins.

Vorstellungen, wie der Lehrer sein soll

Viele von uns haben eine feste Vorstellung davon, wie ein spiritueller Lehrer zu sein hat, und das führt oft zu großen Missverständnissen. Selbstverständlich ist *mein* Lehrer oder Guru der größte und der beste, untadelig, allwissend und fehlerlos. Sein Kommen wird mit Trommelwirbel und Fanfaren angekündigt – wenn er von einer Wolke herabstiege, wäre dies auch nicht schlecht. Und natürlich stehen wir in der vordersten Reihe und sind diejenigen, denen er als Erste seinen persönlichen Segen erteilt. Und so ist es nur folgerichtig, dass wir all unsere Vorstellungen, Hoffnungen und Wünsche in ihn hineinprojizieren und ihn überhöhen. Oder aber das vollkommene Gegenteil tritt ein: Wenn unser Wunschdenken sich nicht erfüllt, was sehr wahrscheinlich einmal der Fall sein wird, werden wir ihn genauso schnell von seinem Thron holen, den wir ihm im Geiste bereitet haben, ihn kritisieren, herabsetzen oder vielleicht sogar verlassen.

Im alten Indien gab es die *Gurukulam*: Das war eine Lebensschule, in der der Schüler im Ashram bei seinem Lehrer lebte oder auch mit dessen Familie, sofern der Guru verheiratet war. Ein Schüler, der so eingebunden war, nahm Anteil am alltäglichen Leben des Lehrers. Er konnte direkt und unmittelbar dessen menschliche Seiten erleben und daran teilhaben. Auf diese Weise war es schwieriger, Projektionen aufrechtzuerhalten, denn jeder Tag brachte mannigfache Gelegenheiten, den Lehrer auch auf seiner rein menschlichen Ebene wahrzunehmen.

Konkrete Umsetzung

In jeder Lehrer-Schüler-Beziehung kommt einmal der Punkt, wo der erste Höhenrausch verflogen ist. Man ist nicht mehr so ganz sicher, am richtigen Ort mit den richtigen Menschen und vor allem beim richtigen Lehrer zu sein. Meist ist dies der Fall, wenn es an die konkrete Umsetzung der Aufgaben, also an die eigentliche Arbeit, geht und man herausgefordert wird und an seine Grenzen stößt. Es kann durchaus vorkommen, dass man sich fragt, ob man sich in etwas verrannt habe und es nicht irgendwo doch noch einen Lehrer gebe, der besser für einen geeignet sei. Dann kann man gehen oder bleiben, diese Entscheidung ist nicht leicht.

Es wird eine Entscheidung des Herzens sein und keine von der Vernunft geprägte. Aber an diesen Punkt wird man auf dem spirituellen Weg immer wieder geführt, denn es geht nicht darum, einen Meister zu bewundern, sondern sich vielmehr an die Arbeit an sich selbst zu begeben. Diese Arbeit ist oft ein mühsamer Prozess. Es gilt, täglich zu sitzen und zu meditieren, zu visualisieren und all die anderen Übungen zu machen, die der Lehrer einem vorgibt; die Disziplin dafür müssen wir selbst mitbringen; die Hürden und Zweifel werden so zahlreich sein, dass ein unabänderlicher Wille notwendig sein wird, um all diese Hindernisse zu überwinden.

Anfangs glaubt man noch an den raschen Erfolg. Aber wenn dieser nicht so eintritt, wie wir ihn uns vorgestellt haben, kommen Zweifel und Unmut auf. Haben wir das Glück, uns in allem, was wir tun, selbstkritisch zu sehen, und sind wir uns selbst ein neutraler Zeuge unserer Gefühle, Gedanken und Handlungen, dann haben wir eine gute Chance, auch alle Stationen des Zweifelns oder Verzweifelns zu überwinden und gestärkt aus einer vermeintlichen Phase der Schwäche hervorzugehen.

Immer wieder werden Schüler auf die Probe gestellt. Werden die entsprechenden Situationen nicht vom Lehrer arrangiert, so ist es das Leben selbst, das solche Situationen herbeiführt. In den Momenten des großen Zweifelns haben wir die Gelegenheit, unsere Entschlossenheit neu zu überprüfen, uns klar zu werden, weshalb wir *hier* sind, was uns bewogen hat, gerade jetzt an diesem speziellen Ort und bei diesem speziellen Lehrer zu sein. Und so können wir aus einer Phase des Zweifelns, des Zögerns und Infragestellens gestärkt hervorgehen, wenn wir uns Raum geben und zugestehen, dass auch in Phasen des Zweifelns oder Verzweifelns eine Sinnhaftigkeit steckt.

Es ist unser Verstand, der uns oft einen bösen Streich spielt, wenn spiritueller Fortschritt sich nicht gemäß den eigenen Vorstellungen vollzieht. Oft werden wir von einem Meister wie eine Zwiebel geschält, eine Schicht nach der anderen entfernt er, bis nichts mehr von uns übrig bleibt. In uns entsteht große Angst, wenn wir erkennen, in welchem Prozess wir stecken und worauf er hinausläuft. Unser Ego ist auf dem Prinzip des Immer-Mehr aufgebaut: noch mehr Yogaübungen, noch längere Meditationen, noch mehr Wissen über die *Bhagavadgita*, noch ausgiebigeres Mantra-Chanting. Mit dem, was *ist*, ist unser Ego nie zufrieden; noch weniger dann, wenn wir beginnen, falsche Vorstellungen abzubauen und wir uns dem Sog des Immer-Mehr widersetzen. Ein Aspekt des spirituellen Weges besteht darin, loszulassen und mit dem zu gehen, was *ist*. Bei diesem Prozess kann uns ein guter Lehrer sehr viel helfen.

Das Zeitverständnis des Gurus

Jeder, der einmal durch Asien, insbesondere durch Indien gereist ist, hat erlebt, dass die Uhren dort anders gehen als bei uns. Damit meine ich nicht nur die aktuelle Uhrzeit, die auf dem Zifferblatt angezeigt wird, sondern das allgemeine Zeitverständnis der Menschen.

Wir Menschen im Westen sind *zeitversessen* – wir richten uns nach Uhren, die auf die Atomuhr geeicht sind. Selbst die kleinste Abweichung ist nicht erlaubt. Es wird nachgestellt und justiert. Die Zeit läuft. Dieses Zeitverständnis hat man verinnerlicht, das heißt: Man ist ein pünktlicher Mensch. Und gerade diese Pünktlichkeit war es, die mir in den Anfangsjahren in Indien sehr zu schaffen gemacht hat. In Indien ticken die Uhren anders, und als Europäer muss man sich erst an den für uns fremden, recht lockeren Umgang mit der Zeit gewöhnen. Sehr selten begann zum Beispiel die um sieben Uhr angesetzte Meditation auch tatsächlich um sieben Uhr. Es wurde halb acht, oftmals auch acht Uhr, und das war ein Riesenproblem für mich. Für mich bedeutete es, dass mich schon der ganze Körper schmerzte, bevor die Meditation überhaupt begonnen hatte. Ich konnte diese Unpünktlichkeit einfach nicht verstehen, und es rumorte in meinen Gedanken.

Eines Tages, als am Abend zuvor wieder einmal die Meditation eine halbe Stunde zu spät begonnen hatte, bekam ich die Gelegenheit, mit meinem Lehrer zu sprechen. Ich war immer noch wütend und sagte: »Wenn die Meditation auf dem Zeitplan um sieben Uhr stattfindet, dann sollte sie auch um sieben beginnen, und nicht um halb acht oder gar erst um acht Uhr!« – Mein Lehrer, der mir meine Aufregung ansehen konnte, lächelte nur: »Ihr habt im Westen eine andere Zeitvorstellung, die sich nur auf das *äußerliche* Zifferblatt konzentriert. Im Osten legt man mehr Wert auf den *inneren* Ablauf von Zeit und auf die Zeitqualität. Etwas findet statt und ereignet sich, wenn die Zeit dafür reif ist, und das kann durchaus von unserem Zifferblatt abweichen. Wenn ich also feststelle, dass die ideale Zeit für die Meditation um halb acht ist, auch wenn sie für sieben Uhr angesagt wurde, dann beginne ich die Meditation eben erst um halb acht. Es ist nicht meine Entscheidung, sondern ich gehe mit und *in* der Zeit.«

Er schaute mich durchdringend an und fuhr fort: »Das hat aber nichts mit Willkür zu tun, sondern damit, dass die Zeitqualität so wichtig ist. Wenn die Zeit stimmt, geht alles viel leichter, alles geschieht ohne Anstrengung. Und auch die Schüler haben mehr von der Meditation, selbst wenn sie warten mussten. Manchmal kommt dem Lehrer etwas dazwischen, eine Begegnung oder ein Gespräch, das verhindert, dass die Meditation pünktlich beginnt. Aber auch das ist Teil des natürlichen Geschehens und des Zeitablaufs. Wenn dann die Meditation später als geplant stattfindet, wird sie für einige Schüler unter Umständen sogar positiver verlaufen.«

Es ist also egal, welche Projektionen wir in Bezug auf einen Lehrer oder Guru haben. Wir haben sie! Auch wenn wir meinen, davon frei zu sein, so gibt es doch vieles, das wir unbewusst von einem Guru erwarten, erhoffen oder glauben, von ihm bekommen zu müssen. Wie die verschiedenen Projektionen auf einen spirituellen Lehrer aussehen können oder wie die eine oder andere Lehrer-Schüler-Beziehung verlaufen kann, erzählen die folgenden Geschichten.

Ein Bauer auf dem Feld

Einst wurde ein Schüler von seinem Lehrer zu einem der bekanntesten Meister seiner Zeit geschickt. Der Weg wurde ihm ausführlich erklärt, und nach langem Wandern wähnte sich der Schüler am Ziel. Doch von einem imposanten Ashram war weit und breit nichts zu sehen. Also fragte er einen Bauern, der mit seinem Ochsen das Feld bestellte: »Kannst du mir sagen, wo ich den bekannten Meister finden kann? Ich sehe nichts von einem großen Ashram hier!« – »Überquere den Hügel dort, dann wirst du an eine Hütte kommen. Dort müsste man dir weiterhelfen können!«

Der Schüler war zufrieden und fand auch schließlich die Hütte. Er wartete bis Sonnenuntergang, ehe der Bauer mit seinem Ochsen vom Feld zurückkam. Er versorgte sein Tier und bereitete einen Tee zu. Der Schüler wurde ärgerlich: »Ich bin nicht gekommen, um mich mit einem ungebildeten Bauern zu beschäftigen und Tee zu trinken. Sage mir jetzt endlich, wo ich diesen Meister finden kann!«
In diesem Moment ging die Tür auf, und ein junger Mann kam herein und verbeugte sich vor dem vermeintlichen Bauern: »Meister«, sprach er, »ich habe die mir aufgetragene Arbeit erledigt.« Der Schüler war zutiefst bestürzt. Sein Ärger wich großer Verwunderung, und auch er verbeugte sich vor dem Mann, den er nur für einen einfachen Bauern gehalten hatte.

Der Guru und sein Schüler

Der junge Schüler Raj sagte verzweifelt zu seinem Guru: »Meister, stets versuche ich meine Selbstbeherrschung aufrechtzuerhalten, doch ich bin immer wieder gierig, voller Verlangen und sexueller Gelüste. Ich merke, wie sehr mein Geist immer wieder abschweift und an den Freuden des Lebens teilhaben will, statt hier im Ashram zu leben. So habe ich bereits oft daran gedacht, dich zu verlassen, habe es dir aber nie mitgeteilt. Auch hindert mich meine starke Liebe zu dir, diesen selbstsüchtigen und rücksichtslosen Schritt zu machen. Aber ich bin verzweifelt, Meister. Bitte gib mir deinen Rat.« Es war gerade einmal einen Monat her, dass Raj dem Ashram beigetreten war.

Der Guru antwortete Raj: »Ich habe dein Leiden bemerkt und sage dir, dass man sich von diesen tiefen Wurzeln und dem starken Verlangen nur schwer lösen kann. Deswegen rate ich dir: Gehe fort, und führe eine Zeit lang das Leben, nach dem du dich sehnst. Doch versprich mir, dass du in dieser Zeit immer mich und dein Ziel vor Augen haben wirst. Komme in zehn Jahren zurück.« Daraufhin verließ Raj seinen Guru und zog nach Mumbai. Dort heiratete er, und seine liebende Frau schenkte ihm mit den Jahren fünf wundervolle Kinder. Er arbeitete hart und war nach kurzer Zeit ein sehr wohlhabender Mann, dem ein großes Geschäft gehörte.

Zehn Jahre vergingen, und eines Abends stand vor der Tür zu Rajs Haus ein Bettler. Rajs Kinder erschraken, und er wurde von Rajs Frau wüst beschimpft, doch Raj erkannte in ihm sofort seinen Guru wieder. Er gab ihm den besten Platz in seiner Wohnung und lud ihn zum Essen ein. Der Guru fragte ihn: »Die zehn Jahre sind vorüber. Konntest du dein Verlangen befriedigen?« Mit traurigem Blick antwortete Raj: »Meister, ich habe alles Vergnügen dieser Welt erlebt und ich wäre auch von allein zu deinem Ashram gekommen, aber ich kann doch nicht einfach meinen Kindern den Vater und meiner Frau den Ehemann nehmen. Deswegen bitte ich dich, mir noch ein paar Jahre zu geben, bis meine Kinder ihre Ausbildung abgeschlossen haben und ausgezogen sind.« Der Meister nickte und verabschiedete sich.

Zehn weitere Jahre vergingen. Raj alterte stark in dieser Zeit, und seine Frau starb. Als Raj seinen Guru wieder in der Gestalt des Bettlers vor seinem Haus erblickte, sagte er zu ihm: »Meister, ich weiß, ich habe all meine häuslichen Pflichten erledigt, und meine Kinder sind nun erwachsen und haben eine eigene Familie, doch sie sind jung und haben kein Verantwortungsbewusstsein. Gib mir noch ein paar Jahre, damit ich sie daran hindern kann, mein schwer verdientes Vermögen auszugeben und ich ihr Tun planen und leiten kann. Dann werde ich sicher in deinen Ashram zurückkehren.«

Nach wiederum zehn Jahren wollte der Guru erneut seinen Schüler aufsuchen, doch er fand nur einen Hund vor dessen Haus vor. Der Guru erkannte in der Gestalt des Hundes sofort seinen Schüler Raj. Er erfuhr, dass Raj vor einigen Jahren gestorben war, aber gefühlsmäßig so stark an sein einstiges Haus und seine Kinder gebunden war, dass er in der Gestalt eines Hundes wiedergeboren worden war, um weiterhin auf seinen Besitz achtgeben zu können. Der Guru trat in den Geist des Hundes ein und sagte zu ihm: »Mein Sohn, bist du nun endlich bereit, mir zu folgen?« – »In ein paar Jahren werde ich es sein, Meister, doch zuerst muss ich meine reichen Kinder vor ihren Neidern beschützen, danach werde ich zu dir kommen.«

Und wieder kehrte der Guru nach zehn Jahren zu Rajs Haus zurück und erfuhr, dass auch der Hund mittlerweile gestorben war. Er suchte und erkannte Raj in Gestalt einer giftigen Kobra, die lauernd den Geldschrank bewachte. Der Guru beschloss, seinen Schüler von seinen Qualen und Ängsten ein für allemal zu befreien. Er ging zu Rajs Enkel und sagte zu ihm: »Neben deinem Geldschrank liegt eine Kobra. Sie ist giftig und sehr gefährlich. Doch bitte tue mir den Gefallen, töte sie nicht, sondern brich ihr das Rückgrat, und bringe sie zu mir.«

Der junge Mann tat, worum der Guru ihn gebeten hatte, und brachte ihm die verletzte Schlange. Liebevoll streichelte Guruji der Schlange über den Kopf und sagte leise zu Raj: »Geliebter Raj, es wird dir niemals gelingen, deinen Geist zu befriedigen, denn Wünsche sind unersättlich;

es wird immer einen neuen geben, ohne Ende. Du musst nur lernen, Wichtiges von Unwichtigem zu unterscheiden, dann wirst du in deiner nächsten Wiedergeburt etwas Hohes erreichen.«

Raj weinte heftig und sagte zu seinem Guru: »Geliebter Meister, ich war so undankbar zu dir und dennoch bist du so gnädig zu mir. Du hast mich immer geliebt und im Auge behalten. Niemand auf dieser Welt ist so erfüllt von göttlicher Liebe wie ein Guru. Es gibt keine selbstlosere Liebe als die zwischen einem wahren Guru und seinem Schüler.«

Über die Erleuchtung

Ein junger Schüler war für seinen besonderen Eifer bekannt. Er meditierte Tag und Nacht und wollte seine Übungen nicht einmal zum Essen oder Schlafen unterbrechen. So wurde er immer dünner und dünner, und so nahm auch seine Erschöpfung täglich zu.

Eines Tages rief ihn sein Guru zu sich und riet ihm, langsamer vorzugehen und nicht zu viel von sich zu verlangen. Dieser Rat überraschte alle, denn der Guru war bekannt für seine Strenge und die hohen Anforderungen, die er normalerweise an seine Schüler stellte.

Der Schüler aber wollte nichts von dem Rat seines Gurus hören. Deshalb nahm der Guru ihn eines Tages zur Seite und fragte ihn: »Warum hast du es so eilig?« – »Weil ich die Erleuchtung erlangen will!«, entgegnete der Schüler, »da habe ich doch keine Zeit zu verlieren.«

»Und woher weißt du, dass die Erleuchtung *vor* dir läuft und dass du ihr hinterherlaufen kannst?«, fragte ihn da der Guru. »Es könnte doch auch sein, dass sie *hinter* dir ist und dass du nichts weiter tun musst, als innezuhalten und ihrer gewahr zu werden …«

Himalaya-Zedern wachsen langsam

Als ich vor Jahren einmal mit einer Gruppe ein Retreat in einem abgelegenen Berghaus bei Hallan in der Nähe von Manali leitete, sahen wir eines Tages Rauch auf der gegenüberliegenden Talseite aufsteigen. Er wurde von Stunde zu Stunde dichter und füllte bald das ganze Tal aus. Einige Teilnehmer fragten besorgt, ob dort – in der Nähe von Naggar – wohl der ganze Wald brenne. Vor wenigen Tagen noch hatten wir auf dem Weg zu unserem Retreat den dortigen alten Radschapalast besichtigt. Dieser Palast ist weithin berühmt und aus Holz erbaut; er brannte im Laufe der Zeit mehrmals bis auf die Grundmauern ab, wurde jedoch immer wieder aufgebaut.

Mir fiel eine Geschichte ein, die ich auf dem Basar von Manali gehört hatte: Viele Jahrzehnte zuvor waren auf den umliegenden Berghängen während einer lang andauernden Hitzeperiode die Berghänge mit uralten Himalaya-Zedern in Brand geraten. Die Zerstörung war enorm gewesen, und dort, wo die riesigen, majestätischen Bäume gestanden hatten, waren nach Tagen nur noch verkohlte Baumstümpfe zu sehen. In einem kleinen Kloster in der Nähe lebte ein bekannter Meister. Als er die Zerstörung und Verwüstung sah, sprach er zu seinen Schülern: »Wir müssen wieder Zedern anpflanzen.« – »Die Zedern«, rief ein Schüler ungläubig aus, »brauchen doch Hunderte von Jahren, bis sie zu ihrer vollen Größe herangewachsen sind.« – »In diesem

• • • • • • • • • •

Falle«, sagte der Meister, »gilt es, keine Minute zu verlieren. Wir müssen sofort damit anfangen.«

Das Bad in der Gangesquelle

Ich lernte Ashokananda Baba auf der Kumbha Mela 1989 in Allahabad im Camp von Pilot Baba kennen. Bei einer Bootsfahrt am Sangham, dem Zusammenfluss von Ganga und Yamuna, lud er mich im Laufe eines Gesprächs ein, ihn eines Tages in seiner Höhle oberhalb von Gangotri zu besuchen. Im darauffolgenden Jahr bot sich die Gelegenheit, die Vorbereitung einer Gruppenreise nach Rishikesh und zur Gangesquelle mit einem Besuch in dieser Höhle zu verbinden.

Es war nicht einfach, einige Kilometer hinter Gangotri die Abzweigung vom Hauptpfad durch Wald und Dickicht und schließlich seine abseits gelegene Höhle zu finden. Inmitten einer Gruppe von aufragenden Felsen erhob sich ein kleines Plateau, an dessen Rand eine Feuerstelle lag. Mehrere Babas waren anwesend, rauchten, tranken Chai und redeten miteinander oder schwiegen. Später stimmte ein alter Baba aus der Nähe von Bhojvasa ein Bhajan an: *Bolo, bolo, sab mile bolo, Om Namah Shivaya.* Er sang eine Zeile, die übrigen Anwesenden stimmten ein. Als das letzte *Om Namah Shivaya* verklungen war, schlug Ashokananda Baba nach einer längeren Pause vor, am nächsten Tag nach Gaumukh, zur Gangesquelle aufzubrechen, um dort ein rituelles Bad zu nehmen.

Es wurde spät am nächsten Tag. Erst machte Ashokananda Baba ausgiebig Yoga-Übungen, dann verzögerte sich das Frühstück, und bei einem weiteren Baba in Bhojvasa wurde es Nachmittag – ich sah schon die Wanderung ausfallen. Aber irgendwann machten wir uns doch auf den Weg. Am Fuß des Gangotri-Gletschers war eine große, dunkle Öffnung im Eis, aus der die Wassermassen des Ganges, liebevoll im Sanskrit »Mutter Ganga« genannt, herausschossen. Schaumkronen tanzten auf den aufgewirbelten Wellen.

Die Babas legten ihre Kleidung ab und traten nur mit einem Lendenschurz bekleidet in das Wasser, um ihre Gebete zu verrichten und dreimal unterzutauchen. Die Sonne war schon dabei, hinter dem Gletscher zu verschwinden und es wurde kalt. Daher nahm ich mir vor, nach dem Ausziehen der Kleider ohne jeglichen weiteren Gedanken sofort in den Fluss zu gehen und das rituelle dreimalige Untertauchen zu vollziehen. Das Wasser war jedoch so eisig kalt, dass mein Kopf sich anfühlte, als hätte ihn der Faustschlag einer riesigen Hand getroffen. Als ich meine Kleider wieder anzog und die Babas den Rückweg antraten, war die Dämmerung schon hereingebrochen.

Vierzehn Kilometer hatten wir vor uns und wir würden Ashokanandas Höhle wohl erst in völliger Dunkelheit erreichen. Die Babas legten ein so hohes Tempo vor, dass ich nur durch Laufen mithalten konnte. Durch die eisige Kälte des Gangeswassers war mein Kopf immer noch nicht klar, ich konnte keine zusammenhängenden Gedanken fassen. Auch konnte ich nicht mehr sehen, wohin meine Füße traten. Ich lief und lief, selbst die vor mir gehenden Babas konnte ich irgendwann nicht mehr sehen. Doch ohne zu stolpern oder außer Atem zu sein, erreichten wir alle Babas Höhle.

Noch immer versetzt mich diese Erfahrung in Erstaunen, wie es möglich war, einen Weg mit vielen Hindernissen, großen Baumwurzeln und Steinen, nachts ohne Sicht zu gehen, ja, ihn zu laufen. Ohne das Bad in der Gangesquelle, ohne das Anhalten der normalen Denkfunktionen, wäre ich wohl mehr mit Angst gelaufen, mit der Unsicherheit darüber, ob meine Füße den richtigen Tritt finden, als mit Vertrauen. Noch viele Stunden lang spürte ich die Folgen des Untertauchens im Wasser der Gangesquelle in Gaumukh und konnte mich dem Leben, dem totalen Vertrauen, dass mein innerer Lehrer mich richtig führt, hingeben. Dadurch empfand ich ein tiefes Gefühl des einfachen Soseins, das für eine kurze Zeit meinen Aufenthalt am Ursprung eines der heiligsten Flüsse in Indien bestimmen sollte.

Der Schriftgelehrte

Shastriji ist ein hoch geschätztes Wort in Indien. Es kommt aus dem Sanskrit und bedeutet so viel wie »Lehrer« oder »Schriftgelehrter«. Der Vater meines Lehrers war ein solcher Schriftgelehrter: Er genoss hohes Ansehen in der Bevölkerung und wurde zu vielen Pujas und Zeremonien zu den Familien oder in die Tempel gerufen. Neben seinen enormen Kenntnissen der religiösen Schriften, der *Veden*, und *Puranas* und der Philosophie des *Vedanta*, war er auch ein ausgezeichneter Kenner der Mantrarezitation. Zugleich aber hielt er auch stark an den Traditionen fest und war sehr traditionell in seinem Denken.

Von meinem Lehrer hatte ich bereits viele beeindruckende Geschichten über ihn gehört: So nahm er nur Essen an, das seine Frau persönlich zubereitet hatte. Niemand sonst durfte für ihn kochen. Auf Reisen im Zug oder im Auto aß er nie, sodass seine Besuche in unserem Ashram ein seltenes und außergewöhnliches Ereignis waren. Auch musste es an jedem Ort, wo er schlief oder verweilte, »lebendiges Wasser« aus einer Quelle oder einem Brunnen geben, denn er trank kein Leitungswasser.

Weil neben dem Lernen des Sanskrits das Rezitieren von Mantras eine meiner liebsten Beschäftigungen war, arrangierte mein Lehrer für mich ein Treffen mit seinem Vater. Ich sollte ihm aus den Veden das *Trisuparna*-Mantra vorsingen, das Mantra über den »dreiflügeligen Vogel«. Ich traf ihn im Park auf einer Bank. Die Kommunikation war mit Worten schwierig bis unmöglich, weil Shastriji kein einziges Wort Englisch sprach. Und auch, wenn er Englisch gekonnt hätte, hätte er kaum mit einem Ausländer gesprochen.

Bei meinem Versuch, ihn in Hindi anzusprechen, konnte ich nicht feststellen, ob meine Aussprache so ungewöhnlich oder gar falsch war oder ob es für ihn außerhalb des Verstehens war, dass ein Ausländer Hindi sprechen konnte. Mein Lehrer hatte mich darauf hingewiesen, dass das Denken seines Vaters sehr traditionell im Sinne der religiösen Überlieferungen sei. Mit dem Falten meiner Hände und dem Berühren seiner Füße war ich auf der sicheren Seite der konventionellen Begrüßung. Nach einer Weile öffnete ich die in ein Tuch eingeschlagenen Schriften und holte das Heft mit dem *Trisuparna*-Mantra heraus. Mir war wohl bewusst, dass ein Ablesen des Textes beim Rezitieren nicht der traditionellen Art entsprach. Ich begann trotzdem, aus meinem Buch vorzusingen. Nach kurzer Zeit stand Shastriji auf und verlies wortlos den Park.

Ich kann mich nicht mehr daran erinnern, ob ich das Mantra zu Ende sang oder bereits kurz nach seinem Weggang zu singen aufhörte. Ich war wütend, betroffen, ärgerlich, verwundert; alles zur gleichen Zeit, dass heißt: ich war in einem Gefühlschaos. Am Nachmittag traf ich zufällig meinen Lehrer vor der Ashramküche und erklärte ihm, was geschehen war und wie sehr ich immer noch betroffen und auch verletzt war, auf so eine Art einfach sitzen gelassen zu werden, ohne ein einziges Wort der Kritik oder gar Anerkennung zu bekommen.

Mein Lehrer lachte und sagte: »Kennst du das Kastensystem Indiens? Kennst du die vier Kasten und weißt du, welchen Rang ein Ausländer hierin einnimmt?« Ich hatte einmal gelesen, dass ein Ausländer für streng orthodoxe Hindus unter der vierten Kaste der *Shudras* und sogar noch unter der der Unberührbaren kam, die außerhalb der vier Kasten eine eigene Gruppierung darstellen.

»Weißt du«, fuhr er fort, »mein Vater hätte von seinem eigenen Verständnis her beim ersten Laut, den du gesungen hast, sofort seine Ohren verschließen müssen. Selbst ein einfaches, von einem Ausländer gesungenes OM darf nicht in seine Ohren gelangen. Auch verbietet ihm sein Stand als Schriftgelehrter in der Gesellschaft jegliche Art von Kontakt mit einem Ausländer. Dass er dir mehr als ein paar Sekunden lang zuhörte, war ein großes Zugeständnis, und es bedeutete Entgegenkommen und Wertschätzung für dich.«

So konnte ich es aber nicht sehen. Ich war verletzt, mehr noch verwirrt, und empfand es als äußerst unhöflich, dass er mitten in meiner Rezitation ohne ein Wort davongegangen war. Bereits Wochen vor seinem Besuch hatte ich mir vorgestellt, Shastriji vorzusingen. Immer wieder hatte ich dabei vor meinem geistigen Auge gesehen, wie er mich hier und dort korrigieren würde und wie schön es sein würde,

von einem so geschätzten und anerkannten Schriftgelehrten zu lernen. Alles hatte ich mir vorstellt, nur nicht sein
abruptes Aufstehen und wortloses Weggehen.

Nach den erklärenden Worten meines Lehrers stellte ich
– nicht zum ersten Mal während meines Indienaufenthalts – fest, wie sehr meine Vorstellungen über spirituelle
Lehrer und Gurus mir im Wege standen, wenn es darum
ging, die Dinge so zu nehmen, wie sie waren. Ich konnte
das Verhalten von Shastriji gar nicht richtig einschätzen,
weil mir das tiefere Verständnis der Zusammenhänge fehlte. Das, was in Wahrheit eine Anerkennung für mich war,
deutete ich fälschlicherweise als Unhöflichkeit und Rup-
pigkeit mir gegenüber.

Wer ist der größere Guru?

In Indien werden die drei offenbarten Aspekte des Brahman auch *Trimurti* genannt. Da das Brahman selbst allumfassend, zeitlos, ohne Anfang und Ende und somit auch ohne Eigenschaften ist, werden in seiner manifestierten Form den Göttern Brahma, Vishnu und Shiva die Funktionen des Erschaffens, der Erhaltung und der Auflösung zugeordnet.

Es gibt eine Geschichte in Indien, die erzählt, wie die beiden am meisten verehrten Götter Vishnu und Shiva wieder einmal zusammentrafen, so wie sie dies im Lauf der Äonen immer wieder zu tun pflegten. Sie saßen beisammen, tranken Tee, ließen es sich gut gehen oder saßen einfach in Meditation versunken da.

Jeder der beiden hatte seine Schülerschar mitgebracht, und unter den Schülern entwickelte sich nach einiger Zeit eine Diskussion darüber, wer von den beiden Göttern wohl der wichtigere und größere Gott sei: Vishnu, der alles erhaltende Gott, oder Shiva, der Zerstörer, der alles Bestehende wieder auflöst. Während aber die beiden Götter ihren Tee tranken, verstrickten sich die Schüler in eine hitzige Diskussion und versuchten, jeweils ihren Gott als den besten und höchsten darzustellen.

Als sie nicht mehr weiterwussten, beschlossen sie, die beiden Götter selbst zu fragen. Zuerst wollten sie von Vishnu wissen, wer denn sein Vorbild sei, wen er anbete und auf wen er meditiere. Vishnu antwortete: »Ich bin Vishnu, der Erhalter allen Seins: Gott Shiva ist mein Vorbild.« Daraufhin gingen sie zu Shiva und stellten ihm die Frage, auf wen er, der Herr des Universums, denn meditiere. Und er sagte: »Ich, der alles Bestehende auflöst und transzendiert, ich meditiere auf Vishnu, der alle Dinge am Leben erhält. Was wäre meine Aufgabe und was könnte ich auflösen oder zurücknehmen, wenn Vishnu nichts erhalten und fördern würde?« Die versammelten Schüler der beiden Gottheiten waren sehr beschämt und sie verstanden, dass es keinen *Größten* oder *Besten* gibt, sondern jeder die ihm gestellte Aufgabe erfüllt.

Eine Flasche frischer Milch

Rangh Avaduth war ein erleuchteter Meister, der in der ersten Hälfte des 20. Jahrhunderts in Nareshvar an den Ufern des Narmada lebte und wirkte. Eines Tages kam ein vermeintlicher Verehrer zu ihm und schmeichelte ihm: »Guruji, ich weiß, dass du so gerne Milch trinkst. Ich habe dir eine Flasche voll davon mitgebracht und möchte sie dir nun schenken. Bitte nimm sie, und trink!« Rangh Avaduth durchschaute den Heuchler, denn in der Flasche war nichts anderes als mit weißem Kalk angerührte Säure.

Er nahm sie, öffnete sie, setzte an und trank. Mit jedem Schluck, den er von dem Gebräu trank, wand sich der angebliche Verehrer in Schmerzen und hielt sich den Bauch. Schließlich rief er aus: »Guruji, ich bereue meine Tat zutiefst, aber bitte befreie mich von meinen Schmerzen!« – »So sei es«, sprach Rangh Avaduth und trank genussvoll den Rest der Flasche leer, während der vermeintliche Verehrer vor Scham schnell davonlief.

Vishnu und sein Schüler

Eines Tages verweilte Vishnu mit einem seiner Schüler für einen Spaziergang auf der Erde. Sie hielten Rast auf einem grünen Hügel. Der Herr sagte zu seinem Schüler, den Blick auf das Tal gerichtet: »Gehe hinunter zu dem Haus dort, und bringe mir ein Glas Wasser, denn ich bin durstig!« Der gehorsame Schüler sprang auf und lief hinunter in das Tal.

In dem Haus im Tal wohnte eine arme Familie mit vielen Kindern. Als er an die Tür klopfte, öffnete ihm die älteste Tochter der Familie. Sie war wunderschön, und der Schüler konnte seine Augen nicht von ihr abwenden; er verliebte sich auf der Stelle in sie. Durch seine Verliebtheit vergaß er das Glas Wasser, vergaß er seinen Herrn – und hatte fortan nur noch Augen für die wunderschöne junge Frau.

Bald darauf wurde sie seine Braut und in den folgenden Jahren die Mutter seiner vielen Kinder. Die Jahre vergingen, die Kinder wurden älter. Eines Tages setzte heftiger Regen ein. Es regnete tagelang, wochenlang und heftige Stürme zogen über das Land und verwüsteten es. Durch den Regen traten die Flüsse über ihre Ufer, und es folgten starke Überschwemmungen. Der Schüler – mittlerweile ein gealterter Mann – sah seine Kinder in den reißenden Fluten ertrinken, und auch die ausgestreckte Hand seiner geliebten Frau entglitt ihm.

Seine Trauer zerfraß ihm das Herz, denn er konnte nicht über den Tod seiner Familie hinwegkommen. Als er den Entschluss getroffen hatte, sich das Leben zu nehmen, und in die Fluten springen wollte, vernahm er eine ihm wohlbekannte und vertraute Stimme: »Sohn, wo ist mein Glas Wasser?«

Der leere Magen

Shri Yukteshvar Giri, der Lehrer von Paramahansa Yogananda, leitete einen Ashram. Immer wieder einmal verreiste er für ein paar Tage, um andernorts Arbeiten für diesen Ashram zu erledigen. Eines Tages brach er nach Puri im Osten Indiens auf. Aufgrund der Beschwerlichkeiten und der Unvorhersehbarkeiten, die das Reisen damals mit sich brachte, war nicht genau zu sagen, wann Shri Yukteshvar Giri von seiner Reise zurückkehren würde.

Der Guru hatte seinen Schülern im Ashram aber den planmäßigen Tag seiner Rückkehr benannt. Und so bereiteten sie für den Tag, an dem seine Ankunft erwartet wurde, eine schöne Abendmahlzeit vor. Es war die Regel – und zur damaligen Zeit auch eine Selbstverständlichkeit –, erst dann mit dem Essen zu beginnen, wenn der Meister anwesend war und das Essen gesegnet hatte. Eine Mahlzeit wurde niemals nur als reine Nahrungsaufnahme betrachtet: Durch die Segnung des Meisters wurde sie auch zur geistigen Nahrung für die Schüler transformiert.

Aber an dem Abend, an dem Shri Yukteshvar Giri erwartet wurde, kam er nicht. Das schöne Essen, das in der Küche vor sich hin dampfte und duftete, wurde kälter und kälter. Und langsam aber sicher wurde es dunkel. Bald ging es auf Mitternacht zu, und das ist in Indien eine kritische Zeit, in der man nicht mehr essen sollte. Die zwei Stunden von Mitternacht bis zwei Uhr sind den Geistern vorbehalten.

Und so kam es, dass kurz vor Mitternacht Unmut ausbrach. Einige Schüler schimpften vor Hunger, andere hielten sich ihre leeren Bäuche, die knurrten oder andere Geräusche von sich gaben. So ging es bis zum frühen Morgen; einige wenige der Schüler gingen schlafen, die anderen jedoch wollten sich nicht die Blöße geben, sich hinzulegen und zu schlafen, und dann vielleicht erleben zu müssen, dass der Meister schon angekommen wäre.

Zur Mittagszeit des Folgetags war die Unruhe noch weiter angewachsen. Alle hatten seit einem Tag nichts mehr gegessen. Nun knurrte bei allen Schülern der Magen. Einige Schüler murrten und sprachen: »Meister hin oder her: Bevor ich gleich umfalle, gehe ich in die Küche und fange an zu essen!« Andere Schüler hingegen sagten: »Nein, egal was passiert, wir warten so lange, bis unser Meister kommt, und erst dann werden wir essen.« So ging die Diskussion den ganzen Tag über hin und her.

Am frühen Abend sprach sich wie ein Lauffeuer herum, dass Shri Yukteshvar Giri bald im Ashram eintreffe. Alle versammelten sich, um ihn zu empfangen. Als er die Schar seiner Schüler sah, entging ihm nicht, dass einige von ihnen ziemlich mitgenommen aussahen. Aber nur einer wagte es, ihm zu eine Frage zu stellen: »Guruji, was wäre gewesen, wenn du heute Abend nicht gekommen wärst? Wenn du verhindert gewesen und erst drei, vier oder fünf Tage später zurückgekehrt wärst? Was wäre passiert, wenn ich vor Hunger gestorben wäre? Hättest du das verantworten können?« – Daraufhin antwortete Shri Yukteshvar Giri: »Und was hättest du gewonnen, wenn du nur einen vollen Magen bekommen hättest, aber aufgrund der fehlenden Segnung des Essens keinerlei Erkenntnis daraus hättest ziehen können?«

Auf der Suche nach mehr

Während meines Aufenthalts in Indien war ich immer wieder auf der Suche nach außergewöhnlichen Begegnungen, Geschichten und Orten. Ich erhoffte mir durch diese Reisen und Begegnungen ein tieferes spirituelles Verständnis und letztendlich auch Schritte hin zu weiterer Erkenntnis. So bereiste ich historische Orte, alte Tempelanlagen oder spirituelle Plätze und kam dabei auch zu den Pilgerstätten und Ashrams, die kaum ein Besucher aus dem Westen jemals zu Gesicht bekommen hatte. Meist lagen diese Orte am Fluss Narmada.

Zum Beispiel fuhr ich mit dem Nachtbus nach Indore im Bundesstaat Madhya Pradesh, stieg frühmorgens nach der großen Brücke über den Narmada aus, trank einen Tee und wartete auf eine Mitnahmegelegenheit nach Omkareshvar. Diese Insel, die die natürliche Form der heiligen Silbe Om hat und am Zusammenfluss von Narmada und Kaveri liegt, ist berühmt für ihren Jyotirlingam-Tempel – der wie alle Tempel dieser Art Gott Shiva geweiht ist. *Jyoti* bedeutet »Licht«, und der Mythologie nach hat Shiva versprochen, an den zwölf Plätzen in Indien, wo ein Jyotirlingam auf natürliche Weise aus dem Erdboden erscheint, bis ans Ende aller Zeiten anwesend zu sein.

Manchmal nahm ich auch den Nachtzug von der »Central Station« in Bombay nach Baroda in Gujarat und stieg am dortigen Bahnhof in einen Bus, der zu den Pilgerorten Garudeshvar und Nareshvar fuhr. Dies waren abgelegene

Orte, an denen einst bekannte Gurus gelebt hatten. Meist blieb ich ein paar Tage vor Ort, immer offen für außergewöhnliche Menschen und Yogis, für spirituelle Begegnungen oder ein abendliches Gespräch mit den Pilgern, die den Fluss zu Fuß »umrundeten«.

Und immer war ich auf der Suche nach Neuem, den Blick ausgerichtet auf Dinge, die besonders außergewöhnlich oder sagenumwoben waren. Es war ein großer Kontrast zu der Alltagsroutine im Ashram, die mich häufig langweilte. Ich erkannte damals nicht, dass diese Routine in ruhiger Umgebung, abgeschottet vom Lärm und Getöse des weltlichen Lebens, selbst die Quelle intensiver spiritueller Erfahrungen sein kann.

Nach vielen Ausflügen erzählte ich eines Tages meinem Lehrer, dass ich gerne eine »Umrundung« des Narmada machen möchte. Dieser heilige Fluss misst von seiner Quelle in Amarkanth im indischen Bundesstaat Madhya Pradesh bis zu seinem Mündungsort ins Arabische Meer 1400 Kilometer. Seine »Umrundung«, die *Parikrama*, nimmt bis zu drei Jahre in Anspruch, da während der Regenzeit nicht gepilgert wird.

Normalerweise geht man diesen Weg im Uhrzeigersinn, immer in Sichtweite des Flusses, barfuß, ohne Essensvorräte, mit wenig oder keinen Habseligkeiten. Der Besitz von Geld ist nicht erlaubt – die wichtigste Habe ist der *Kalash*, ein Messinggefäß mit Henkel, in dem man ein wenig vom Wasser des Narmada symbolisch mit sich trägt. Meist wird der Kalash in Amarkanth an der Quelle gefüllt, und am gleichen Ort sollte das Wasser dem Fluss nach der »Umrundung« auch wieder zurückgegeben werden.

Die Vorstellung, diese Pilgerreise anzutreten, faszinierte mich sehr, und immer wieder verlor ich mich bei dieser Vorstellung in meinen inneren Bildern. Ich hatte das Gefühl, dass ich auf dieser Wanderung besonders tiefe spirituelle Erfahrungen machen würde. Ich war mir sicher, dass mein Lehrer diesen großen Wunsch nach Selbstverwirklichung unterstützen würde. Als ich ihm meine Idee vortrug, zeigte er sich wenig beeindruckt und antworte nur: »Das wird dir nichts bringen, und obendrein sind drei Jahre dafür eine vergeudete Zeit!« Natürlich war ich sehr enttäuscht. Aber noch enttäuschender fand ich die Idee, die er mir stattdessen vorschlug: »Du kannst das Ganze auch innerhalb von zehn Tagen erledigen!« Er fuhr fort: »Es gibt organisierte Bustouren, und der Bus hält an jedem wichtigen Ort an, und man hat dann genug Zeit, alles zu besichtigen. Das ist eine bequemere Art der »Umrundung«, nicht so anstrengend und zeitraubend, und das Prinzip der *Parikrama* wird so auch erfüllt.«

Mit diesen Worten war die die Umrundung des Narmada für mich zuerst einmal uninteressant geworden. Als Yogi in den weichen Sitzen eines Superdeluxe-Busses in zehn Tagen um den Fluss gefahren zu werden, war damals unter meiner »yogischen Würde«, und mein Ego war zutiefst gekränkt von diesem Vorschlag. Und so hing ich noch einige weitere Jahre lang an der Illusion, dass die Fortschritte auf dem Weg zur Erkenntnis desto schneller erzielt würden, je härter die Übungen, je mehr Körper und Geist gefordert wären.

Milarepa und der Hausbau

In der Zeit, als Milarepa noch bei seinem Meister Marpa lebte und von ihm lernte, gab dieser Milarepa eines Tages den Auftrag, ihm und seiner Familie ein neunstöckiges Haus zu bauen. Milarepa machte sich an die Arbeit.

Es war natürlich sehr schwierig, in dieser abgelegenen Bergregion ein derartiges Haus zu bauen, doch irgendwann war das Haus fertig. Milarepa wollte es stolz seinem Meister übergeben. Der schaute lange auf die Längsseite des Hauses und sagte mürrisch: »Die obere Fensterreihe ist schräg. Reiße das Haus wieder ein, so etwas Unvollkommenes habe ich selten gesehen.« Milarepa, der viel Zeit und Arbeit in den Hausbau gegeben hatte, war zutiefst bestürzt, dass alle seine Mühen umsonst gewesen waren.

Er riss das Haus wieder ab und machte sich an einen zweiten Versuch. Voller Stolz rief er nach der Fertigstellung des neuen Hauses Marpa, auf dass dieser sein Wunderwerk begutachte. Marpa beäugte kritisch das Haus und sagte: »Schau, die Giebel sind nicht im Lot. Es sind sicherlich drei Zentimeter, die der linke Giebel höher ist als der rechte. Reiße das Haus ab, und baue es wieder neu auf.«

Als Milarepa schließlich auch nach dem neunten Versuch das Haus wieder abreißen sollte, war er so verzweifelt, dass sein Verstand auszusetzen drohte. »Marpa wird nie zufrieden sein«, ging es Milarepa durch den Kopf, und er lief davon, um in einer Höhle in Westtibet zu meditieren. Später wurde er einer der meistgeachteten und beliebtesten Yogis Tibets.

Die Lehrer des Dattatreya

Der Name Dattatreya setzt sich zusammen aus *Datta* und *Atreya* (»Datta, Sohn des Atri«), oftmals auch Trimurti genannt. Er verkörpert somit die ewig jugendliche Manifestation und Verkörperung der göttlichen Dreiheit von Brahma-Vishnu-Shiva. Dementsprechend wird er mit drei (*tri*) Gesichtern (*murti*) dargestellt und ist oft in Begleitung von vier Hunden zu sehen, die die vier Veden symbolisieren.

Als ein bekannter Lehrer und Meister wurde er einmal gefragt, wer denn seine Lehrer gewesen seien. Alle Anwesenden waren sehr gespannt auf die Antwort, denn dass Dattatreya in seiner Verkörperung der drei großen Gottheiten in einer Person noch einen Lehrer angeben könne, der ihn als Schüler unterrichtet haben solle, schien unvorstellbar und unmöglich.

Dattatreya antwortete ohne Zögern: »Ich habe vierundzwanzig Lehrer gehabt!« Die Anwesenden staunten, denn dies war für sie eine unglaubliche Zahl. In Indien ist es üblich, einen Lehrer zu haben; für ein spezielles Wissensgebiet vielleicht einen zweiten, selten einen dritten. Und Dattatreya behauptete von sich, vierundzwanzig Lehrer gehabt zu haben.

Als er das Erstaunen in den Gesichtern der Anwesenden sah, begann er seine Lehrer aufzuzählen: »Erde und Wasser waren meine ersten Lehrer. Wir alle leben auf dieser Erde«, fuhr er fort. »Allen Lebewesen und allen Pflanzen gibt die Erde immer reichlich Nahrung, ohne Ansehen, ohne Unterscheidung. Auch ist die Erde geduldig, ganz gleich, ob man in ihr gräbt, sie abträgt, umschichtet oder aufhäuft. Die Erde hat keine Gegenwehr, sie lässt mit sich geschehen.« Er hielt einen Moment inne, und dann fuhr er fort, einen weiteren Lehrer zu erklären: »Wasser ist der Lebensspender, ohne den nichts gedeihen würde auf dieser Erde. Wasser gibt Leben, stillt den Durst von Mensch, Tier und Pflanze. Doch es bleibt immer ›es selbst‹, ohne Stolz, ohne Überheblichkeit. Es fließt in alle Richtungen, dahin, wo der geringste Widerstand ist, ohne Unterscheidung und Berechnung, ob es hier oder dort sinnvoller gebraucht würde, ohne ein bestimmtes Ziel.«

Wieder machte Dattatreya eine Pause, ehe er fortsetzte: »Meine nächsten Lehrer waren Himmel und Luft. Der Himmel ist immer über uns, egal, an welchem Ort der Erde wir uns befinden. Er selbst bleibt unberührt davon, ob stürmische Wolken ihn bedecken oder ob bei wolkenlosem Himmel die Sonne erstrahlt. Er stellt sich zur Verfügung, ohne zu unterscheiden. Und die Luft selbst ist klar und geruchlos. Durch den Wind treiben Gerüche jeglicher Art in verschiedene Richtungen, die wir als angenehm oder abstoßend empfinden; die Luft selbst bleibt davon in ihrer reinen Natur unberührt.«

Die Anwesenden waren sehr erstaunt; niemand hatte mit diesen Antworten gerechnet. Dattatreya aber fuhr mit seiner Aufzählung fort: »Weitere Lehrer waren mir Feuer und Sonne. Feuer selbst hat keine Form. Es verbrennt brennbare Materie, mit der es in Berührung kommt, ohne Unterschied. Es unterscheidet nicht. Das Feuer lehrt uns, dass auch das Selbst verschiedene äußere Formen annehmen kann, es aber von Natur aus formlos ist wie das Feuer. Die Haupteigenschaft des Feuers ist, zu brennen und zu verbrennen. Und so sollten Menschen, die auf der Suche nach der wahren Natur ihres Selbst sind, alle ihre Unreinheiten verbrennen. Von der Sonne wissen wir, dass es in unserer Welt nur eine gibt. Aber auf der Oberfläche eines Sees, in einem Spiegel und auf glänzenden Gegenständen sehen wir unzählige Widerspiegelungen der Strahlen dieser einzigen Sonne. Und so ist auch das Selbst einzigartig, und überall materialisiert es sich in den mannigfachsten Formen und Auswirkungen, sodass wir die Einzigartigkeit des Selbst meist vergessen.

Dann zählte Dattatreya die anderen Elemente, Lebewesen und Dinge auf, die ihm alle als Lehrer gedient hatten. Als er in seiner Aufzählung Pingula erwähnte, ging ein Raunen durch die Anwesenden. Pingula galt allgemein als der Inbegriff einer Prostituierten; sie war eine Tänzerin und Unterhalterin, die sich für Geld den Männern hingab. Daher war die Verwunderung groß, dass Dattatreya sie als eine seiner spirituellen Lehrerinnen erwähnte.

Dattatreya erzählte dazu folgende Geschichte: »Eines Abends hatte Pingula eine Verabredung mit einem reichen Mann, der ihr viel Geld versprochen hatte. Sie hatte sich schön zurechtgemacht und wartete den ganzen Abend, der reiche Freier jedoch erschien nicht. Normalerweise dauerte ihre Arbeitszeit bis in die frühen Morgenstunden. An diesem Abend jedoch war Pingula nach langem Warten nicht nur enttäuscht, sondern auch erschöpft. Es kam der Moment, wo sie erkannte, dass der Mann, auf den sie wartete, nur eine flüchtige Erscheinung war, und dass das Geld, das sie von ihm bekommen würde, ihr nur kurzfristigen Reichtum geben konnte. Und weiter erkannte sie, dass es sinnvoller war, nach unvergänglichen, zeitlosen Werten zu suchen, als nach diesen vergänglichen Freuden. Und plötzlich sah sie ganz deutlich, dass, wenn sie sich von Dingen außerhalb ihrer selbst abhängig machte, um Friede und Zufriedenheit zu erlangen, sie nie glücklich werden konnte. Pingula gab mit dieser Erkenntnis alle Hoffnung und alles Verlangen auf und legte sich früh zum Schlafen nieder. Sie hatte den besten Schlaf ihres Lebens.

Das innere und
das äußere Schlachtfeld

Der Schauplatz, auf dem die *Bhagavadgita* spielt, ist das Schlachtfeld von Kurukshetra. Hier findet der große Krieg zwischen Arjuna und seinen zahlreichen Verwandten statt. Und dies ist auch der Ort, an dem Arjuna seinen Wagenlenker Krishna bittet, ihn als seinen Schüler anzunehmen. Von diesem Moment an begann Krishna mit seinen Belehrungen und führte Arjuna in die tiefe Spiritualität des Yoga ein. Dabei vermittelte er ihm unterschiedliche Aspekte: Die Bedeutung des eigenen Dharmas und Karmas, die Bedeutung der verschiedenen Yoga-Wege, des Vertrauens, die Natur des Selbst. Allem voran aber erklärte Krishna dem Krieger Arjuna, dass ein äußeres Schlachtfeld symbolisch immer auch für die inneren Auseinandersetzungen und die Zerrissenheit steht, die jedem Menschen innewohnen.

Im Kapitel 14, Vers 7 sagt Krishna:
»Die Erscheinungsweise der Leidenschaft wird aus unbegrenzten Wünschen und Verlangen geboren, oh Sohn Kuntis, und aufgrund dieser Erscheinungsweise wird das verkörperte Lebewesen an materielle fruchtbringende Tätigkeiten gebunden.«

Wünsche und Verlangen resultieren aus einem falschen Verständnis des Selbst. Wenn die Befriedigung der Sinne im Vordergrund steht, folgen die Enttäuschungen, und aus einer endlosen Kette von Enttäuschungen wird Frustration und Hass geboren. Dies ist der Nährboden für zerstörerische Auseinandersetzungen, die in uns selbst toben, und diese inneren Konflikte tragen wir letztendlich nach außen auf die Bühne des Lebens. Solange wir nicht bereit sind, das »Außen« als ein Spiegelbild unseres »Inneren« zu erkennen und dafür die Verantwortung zu übernehmen, werden uns die »äußeren Schlachtfelder« im Leben immer wieder begegnen. Beginnen wir, unsere Gedanken und Wünsche zu beobachten, sie ans Tageslicht der Bewusstheit zu bringen und ihnen neutral gegenüberzustehen und sie aufmerksam und bewusst zu betrachten, ohne mit Scham, Ärger oder Unterdrückung auf sie zu reagieren, können wir bald erkennen, welch flüchtiger Natur sie sind. Mehr noch: Wir erkennen die Qualität unserer Gedanken, die wir so gern vor unseren Mitmenschen und unserer Umwelt verheimlichen, weil wir uns ihrer schämen. Unsere eigenen Gedanken als Ursprung und Quelle für sämtliche inneren und äußeren Kriege zu betrachten, ist die wohl größte Herausforderung auf dem spirituellen Weg, der wir uns stellen können. Innere Auseinandersetzungen und Zweifel trüben die Wahrnehmung. So ist es nicht verwunderlich, dass Arjuna in Anbetracht der Gegnerschaft seiner ganzen Verwandtschaft auf dem Schlachtfeld von Kurukshetra seinen Pfeil und Bogen mutlos fortwirft. Nach Ansicht Krishnas ist es ein Zeichen größter Not, wenn die Waffen als Zeichen der geistigen Handlungsunfähigkeit weggeworfen werden. Sie entsteht, wenn die eigene Unterscheidungsfähigkeit, ob wir aus einer übergeordneten Sicht, frei von Emotionen oder aber aus einer beschränkten, ich-haften Motivation heraus handeln, nicht mehr funktioniert. Arjuna weiß, dass eine Handlung aus selbstsüchtigen Motiven neues Karma erschafft. Gleichzeitig aber erkennt er, dass er und seine Brüder von ihren Verwandten um ihr Erbe betrogen und dabei heimtückisch und hinterlistig hintergangen wurden. Aus diesem Grund wäre ein Krieg durchaus gerechtfertigt, aber dennoch weigert er sich, zu kämpfen. Aus diesem Dilemma befreit ihn Krishna, indem er ihn in die Lehre des Yoga einführt. Dabei weist er ihn darauf hin, dass er als Krieger zu handeln und sein Dharma zu erfüllen hat. Im Verlauf der *Bhagavadgita* hilft Krishna dem Krieger Arjuna, seinen inneren Kriegsschauplatz zu befrieden und tapfer den äußeren Krieg zu führen.

Wie innere »Kriegsschauplätze« aussehen und wie wir sie in unserem Leben nach außen tragen können, erzählen uns etliche Geschichten. Sie können uns dabei helfen, auf spielerische und humorvolle Weise bewusster zu werden, losgelöst von Zweifel und Unsicherheit gemäß unserem eigenen Dharma zu handeln.

Der Yogi und die Maus

Ein Yogi war intensiv in seine meditativen Übungen versunken und reflektierte über das Brahman und das »Eine ohne ein Zweites«, als er eines Tages ein störendes Geräusch vernahm. Er wollte sich nicht ablenken lassen, stellte sich weiter vor, was denn das »Eine ohne ein Zweites« wohl sein könnte, hörte jedoch immer wieder dieses kratzende Geräusch. Als er den aufsteigenden Ärger über seine gestörten meditativen Bemühungen in sich bemerkte, öffnete er schließlich seine Augen und sah eine kleine graue Maus, die an seinem Lendentuch knabberte. Als Yogi hatte er sich aus der Welt zurückgezogen und allem Besitz bis auf zwei Lendentücher entsagt. Daher ärgerte es ihn umso mehr, dass diese Maus an seinem einzigen Besitz nagte. Immer abwechselnd trug er das eine Tuch um seine Lenden geschlungen, während das andere gewaschen zum Trocknen in der Sonne hing. Und an dieses machte sich jetzt die kleine Maus heran. Der Yogi ließ Brahman Brahman sein und dachte angestrengt darüber nach, wie er denn dieses kleine Tier davon abhalten könnte, sein zweites Lendentuch aufzufressen. Denn ohne dieses zweite Tuch zum täglichen Wechseln konnte er weder sein rituelles Bad nehmen, seinen religiösen Pflichten nachkommen, noch meditieren. Und so dachte er vor sich hin. Irgendwann sagte er sich: »Ich bin ein Yogi, ein Sadhu und Weltentsager; meine Aufgabe ist es, zu meditieren und Samsara zu überwinden. Das kann ich nicht mehr, wenn die Maus mein Lendentuch frisst.« Dann überlegte er sich lange, wer wohl die Maus von dieser zerstörerischen Tat abhalten könnte. Und das Bild einer Katze erschien in seinem Geist. »Mir eine Katze zu besorgen, sollte mir diese kleine Unterbrechung meiner Meditation wert sein, damit ich dann in Ruhe weitermeditieren kann«, sagte er sich.

Gesagt, getan. Im nächsten Dorf bekam er eine Katze geschenkt, die so dünn, klapprig und hungrig war, dass das Mausproblem schnell gelöst war. Doch am nächsten Tag war es nicht mehr das kratzende Geräusch einer kleinen Maus, das ihn störte, sondern das Miauen einer hungrigen Katze, die nichts mehr zu essen hatte. Ihr Miauen war so laut, dass es dem Yogi jegliche Konzentration auf das Brahman unmöglich machte. Wieder dachte er nach und sah in seinem Geiste eine große Schüssel mit Milch, die den Hunger der Katze wohl stillen würde. Und er sagte sich, dass es wohl besser wäre, sich gleich eine Kuh anzuschaffen, um nicht jeden Tag im Dorf um Milch betteln zu müssen. Doch das Muhen der Kuh am folgenden Tag war das lauteste Geräusch, das er je gehört hatte – und schlimmer noch: Es war das Lauteste, was ihn je vom Meditieren abgehalten hatte. Er hatte nicht bedacht, dass eine Kuh jeden Tag gemolken werden musste. Ganz sicher war dies eine Tätigkeit, die eines Yogis unwürdig war. Und so machte er sich auf die Suche nach einer Frau, die das Melken übernehmen würde. Die Frau, die er fand, war sehr hübsch, versorgte die Kuh, den Haushalt und auch den Yogi – und gebar ihm im Lauf der Jahre viele Kinder.

Der Missionar und der Hammer

In Cochin in Südindien lebte einmal ein Missionar. Er hatte sein Wohnzimmer streichen lassen. Nachdem es fertig war, wollte er das Kreuz Christi wieder an der Wand aufhängen. Er hatte zwar einen Nagel, aber den Hammer konnte er im ganzen Haus nicht wiederfinden. Der Missionar wusste aber, dass sein Nachbar einen Hammer besaß, denn er hatte ihn erst am Vortag dabei beobachtet, wie er in seinem Garten einen Nagel in eine Kiste geschlagen hatte.

Somit beschloss der Missionar, zu seinem Nachbarn zu gehen und bei ihm den Hammer auszuleihen. Gleich darauf kamen ihm allerdings Zweifel, ob sein Nachbar, ein gläubiger Hindu, ihm, einem Christen, den Hammer überhaupt ausleihen wollen würde.

»Gestern grüßte er mich nur flüchtig«, dachte der Missionar bei sich. »Vielleicht war er in Eile, aber vielleicht hat er ja etwas gegen mich, weil ich kein Hindu bin.« Und weiter dachte er: »Ich habe ihm aber eigentlich nichts getan. Wenn mich jemand um ein Werkzeug bitten würde, würde ich es ihm sofort geben. Und warum tut er es nicht? Wie kann man einem anderen Menschen einen so einfachen Gefallen abschlagen? Menschen wie dieser Kerl vergiften einem das Leben.« Und der Missionar wurde immer wütender und dachte sich weiter: »Was bildet sich der Kerl überhaupt ein! Als ob ich auf ihn angewiesen wäre, nur weil er einen Hammer hat! Ha, jetzt reicht's aber wirklich!«

Und so stürmte der Missionar zu seinem Nachbarn hinüber, der in seinem Garten stand, und bevor dieser überhaupt irgendetwas sagen konnte, schrie der Missionar ihn an: »Dann behalten Sie Ihren Hammer doch, Sie Blödmann!«

Der Hund im Tempel der 1001 Spiegel

In Varanasi gab es vor vielen, vielen Jahren einen ganz besonderen Tempel. Er hieß der Tempel der 1001 Spiegel. Er lag direkt am Ganges, und sein Anblick war über die Maßen imposant, sodass jedem bei seinem Anblick der Atem stockte.

Eines Tages kam ein Straßenhund, der sich immer mit anderen Hunden stritt, des Weges. Er lief in den Tempel hinein, und als er in den Saal der 1001 Spiegel kam, sah er 1001 Hunde. Er bekam so große Angst, wie er sie sein ganzes Leben lang noch nicht gehabt hatte. Er sträubte das Nackenfell, klemmte den Schwanz zwischen die Beine, knurrte furchtbar laut und fletschte die Zähne. Und 1001 Hunde sträubten das Nackenfell, klemmten die Schwänze zwischen die Beine, knurrten furchtbar laut und fletschten die Zähne. Voller Panik rannte der Hund aus dem Tempel und glaubte, dass die ganze Welt nur noch aus knurrenden, gefährlichen und bedrohlichen Hunden bestünde und jeder Einzelne von ihnen mit ihm kämpfen wollte.

Ein paar Tage später kam ein anderer Hund, der viele Freunde hatte, zum Tempel. Auch er ging in den Tempel hinein, und als er in den Saal mit den 1001 Spiegeln kam, sah auch er 1001 andere Hunde. Er freute sich, wedelte mit dem Schwanz, sprang fröhlich hin und her und forderte die Hunde zum Spielen auf. 1001 Hunde freuten sich, ihn zu sehen, wedelten mit dem Schwanz, sprangen fröhlich hin und her und forderten ihn zum Spielen auf. Dieser Hund verließ den Tempel mit der Überzeugung, dass die ganze Welt aus netten, freundlichen Hunden bestünde, die ihm wohlgesonnen wären und mit ihm spielen möchten.

Die Welt in Ordnung bringen

Vor vielen Jahren befand ich mich als Leiter einer Reisegruppe auf dem Weg zur Gangesquelle in den Bergen des
Himalaya. Unterwegs kamen wir an einer kleinen Stadt
vorbei und übernachteten in einer Herberge, in der auch
immer wieder andere Touristen eine Bleibe suchten. Sie
ließen Bücher und Zeitschriften zurück, die auf einem
großen Stapel im Frühstücksraum lagen. Der Besitzer der
Herberge hatte alle Hände voll zu tun und somit auch nur
wenig Zeit, sich um seinen kleinen Sohn zu kümmern.
Nachdem wir unsere Zimmer bezogen hatten und zum
Abendessen in ein nahe gelegenes Restaurant gehen wollten, kam ich am Frühstückszimmer vorbei und sah, wie der
Vater ein Foto von Brat Pitt aus einer Zeitschrift herausriss
und mit einer Schere in kleine Stücke schnitt. Anschließend reichte er dem Sohn den Haufen und forderte ihn
auf, das Foto wieder zusammenzusetzen. Auf diese Weise
wollte er seinen Sohn für einige Zeit beschäftigen.

Mir fiel eine Geschichte von Gabriel García Márquez ein,
die ich zufälligerweise wenige Monate zuvor gelesen hatte.
Sie erzählte von einem Geschäftsmann, der immer sehr
beschäftigt war. Er hatte einen kleinen Sohn, der liebend
gern mit ihm spielen wollte. Dieser aber hatte neben seinen vielen Geschäften keine Zeit für ihn; und so überlegte
er, wie er den Jungen beschäftigen könnte. Er fand in einer
Zeitschrift eine komplizierte und detailreiche Abbildung

der Erde. Dieses Bild riss er aus der Zeitschrift heraus und schnitt sie in viele kleine Teile. Das alles gab er dem Jungen und dachte, dass er nun mit diesem schwierigen Puzzle wohl eine ganze Zeit beschäftigt sein werde.

Der Junge zog sich in eine Ecke zurück und begann mit dem Puzzle. Nach wenigen Minuten ging er zu seinem Vater und zeigte ihm das fertig zusammengesetzte Bild. Der Vater konnte es kaum glauben und fragte seinen Sohn, wie er das geschafft habe. Das Kind sagte: »Ach, auf der Rückseite war ein Mensch abgebildet. Den habe ich richtig zusammengesetzt. Und als der Mensch in Ordnung war, war es auch die Welt.«

Der Guru und die Steine

Am Fuße des Himalaya lebte einst ein Guru, der bekannt war für seine eigentümliche Art, seine Schüler zu belehren. Eines Morgens bat er seine westlichen Schüler, große, schwere Steine vom Ufer des nahe gelegenen Flusses zu sammeln. Nachdem sie die Steine zusammengetragen hatten, saß der Guru mit seinen Schülern zusammen und sprach: »An einer Verletzung, die uns widerfahren ist, festzuhalten, ist viel anstrengender, als einem Menschen von ganzem Herzen zu verzeihen!«

Die meisten Schüler verstanden nicht, was er damit meinte. Darum sagte er zu ihnen: »Damit ihr erkennen könnt, was ich mit meiner Aussage meine, möchte ich jeden von euch bitten, sich für jede tiefe Verletzung, die ein Mensch ihm in diesem Leben zugefügt hat, einen Stein auszusuchen. Schreibt den Namen der Person auf den Stein, und legt ihn anschließend in seinen Rucksack. Lasst euch heute den ganzen Tag über Zeit dafür, euch an alle zu erinnern, die euch Leid zugefügt haben.«

Nachdem die Schüler den ganzen Tag mit dieser Aufgabe verbracht hatten, sah der Guru, dass die meisten von ihnen ihren Rucksack bis zum Rand voller Steine gepackt hatten. Und er sprach zu ihnen: »Nun möchte ich, dass ihr euren Rucksack einen ganzen Monat lang mit euch tragt. Das heißt, ihr sollt ihn überallhin mitnehmen und dabei immer an die Personen denken, deren Namen auf den Steinen stehen.« Dann hielt er einen Moment inne und fuhr fort: »Ich möchte sogar, dass ihr den Rucksack auch während der Meditation auf dem Rücken habt. Und die ganze Zeit über sollt ihr euch immer wieder fragen: ›Welchem von diesen Menschen kann ich am ehesten verzeihen?‹ Wenn dann dieser Mensch vor eurem inneren Auge auftaucht, dem ihr von ganzem Herzen verzeihen könnt, dann könnt ihr den Stein mit seinem Namen aus dem Rucksack nehmen.« Mit diesen Worten beendete der Guru seine Rede. Seine Schüler folgten seinen Anweisungen und jeder nahm seinen Rucksack.

Nachdem der Guru seinen Schülern diese Aufgabe aufgetragen hatte, verreiste er für einen Monat. Am Ende dieses Monats kamen alle Schüler wieder zusammen. Einige Rücksäcke waren ganz leer geworden und diese Schüler strahlten über ihr ganzes Gesicht. Andere Rucksäcke waren leichter geworden. Aber es gab niemanden, der noch genauso viele Steine mit sich trug, wie vor einem Monat.

Der Unterschied zwischen Himmel und Hölle

Einem Yogi erschien nach langen Bußübungen Gott Shiva, und dieser erlaubte ihm, einen Wunsch zu äußern. Der Yogi, der bereits allem entsagt hatte, antwortete: »Ich habe keine weltlichen Bedürfnisse mehr, aber ein Wunsch bleibt noch: Zeige mir den Unterschied zwischen Himmel und Hölle!« Shiva führte den Yogi zu zwei Türen. Er öffnete die erste Tür und ließ unseren Yogi hindurchschauen. In der Mitte des Raums stand ein großer, runder Tisch mit einem Topf darauf, aus dem es dampfte und der herrlichste Essensgeruch emporstieg. Die Menschen aber, die um den Tisch herum saßen, waren spindeldürr und sahen krank aus; sie alle schienen an Hunger zu leiden. An ihren Armen waren lange Löffel fest angebunden, mit denen sie wohl in den Topf kamen und Essen auffüllen konnten; es gelang aber niemanden, einen vollen Löffel an seinen Mund zu führen und dieses köstliche Essen zu genießen. Der Yogi war sehr betroffen vom Leid und von der Not dieser Menschen. Shiva sagte zu ihm: »Jetzt hast Du die Hölle gesehen!«

Dann gingen beide zur nächsten Tür und Shiva öffnete sie. Der Raum sah genauso aus wie der erste: Ein großer runder Tisch in der Mitte, ein Topf mit köstlichem Essen darauf. Doch diesmal sahen die Menschen, die um den

Tisch herum saßen, ganz anders aus: Sie hatten zwar ebenfalls lange Löffel an ihre Arme gebunden, aber sie waren wohlgenährt, sie lachten und unterhielten sich. Der Yogi war arg verwirrt und sagte zu Shiva: »Ich verstehe das Ganze nicht – worin besteht der Unterschied zum ersten Raum?« Shiva lachte: »Es ist doch ganz einfach! Nur in einem einzigen Aspekt unterscheiden sich die Menschen der beiden Räume. Diese hier haben gelernt, sich gegenseitig zu helfen und Nahrung zu geben. Die im ersten Raum waren dafür zu eigennützig und egoistisch!«

Zwei Löwen

Ein Guru war mit seinem Schüler auf Reisen. Eines Abends saßen sie am Lagerfeuer beisammen. Die Nacht war längst hereingebrochen, das Feuer knisterte und zischte, und Flammen züngelten immer wieder empor. Der Guru schwieg und man merkte, dass er sich in tiefem, innerem Frieden befand. Der Schüler hingegen wirkte nervös und rutschte immer wieder unruhig umher.

Der Guru schaute seinen Schüler ermutigend an, auf dass dieser darüber sprechen möge, was ihn bedrücke: »Guruji, manchmal fühle ich mich so, als ob zwei Löwen in meinem Herzen miteinander kämpfen würden. Einer der beiden ist gierig, rachsüchtig und grausam. Der andere hingegen ist voller Mitgefühl, Liebe und Sanftmut.« Er senkte etwas beschämt den Kopf zu Boden und fragte dann: »Guruji, welcher Löwe wird den Kampf gewinnen?«

Sein Guru schaute ihn lange an und antwortete schließlich: »Der Löwe, den du am meisten fütterst.«

Pilot Baba

Während meiner Zeit in Indien begegnete ich auf der Khumba Mela in Allahabad Pilot Baba. Er war ein Yogi und erzählte mir eines Tages aus seinem Leben:

Baba wurde in einem reichen, adligen Elternhaus geboren und genoss in seiner Jugend ein Leben im Überfluss. Geld, Autos, Partys und eine Dogge, die sein Lieblingshund war, bestimmten sein Leben. Unter seinem Geburtsnamen Kapil Singh flog er als Offizier der Indischen Luftwaffe im Krieg mit Pakistan im Jahre 1965 mehrere Einsätze über pakistanischem Gebiet. Berichten zufolge wurden durch seine Bombardierungen viele Menschen getötet. »Es ist das Spiel mit dem Krieg. Wenn du nicht töten willst, dann wirst du getötet«, sagte er sich in dieser Zeit immer wieder.

Eines Tages wurde er beauftragt, mit einem MIG-Flugzeug einen Angriff zu fliegen. Er bombardierte eine Brücke in Pakistan, über die gerade ein Zug mit Tausenden von Menschen fuhr, die durch seinen Angriff ums Leben kamen. Dieses Bild der von der Brücke herabstürzenden, brennenden Waggons prägte sich tief in sein Gedächtnis ein.

Pilot Baba landete seinen Düsenjet, zog die Uniform aus und beschloss, sein bisheriges Leben aufzugeben. Er begab sich in die Berge des Himalaya. Dort fand er ein kleines Plateau unterhalb eines Felshangs, wo er alle seine Kleider ablegte und sich zur Meditation auf den Fels setzte – in dem festen Entschluss, nicht eher aufzustehen, bis er wusste, was Sinn und Zweck seines Lebens war.

Mädchen und Jungen, die Ziegen und Schafe hüteten, brachten ihm ab und zu etwas zu essen vorbei. Eines Tages hörte Pilot Baba eine Stimme, die zu ihm sagte: »Endlich bist du gekommen. Wir haben schon lange auf dich gewartet. Komm mit mir.« Ein alter Yogi mit langem Haar und weißem Bart führte Pilot Baba in eine nahe gelegene Höhle und zeigte ihm dort verschiedene Schlafstellen. »Die gehören den anderen Schülern.« Und dann zeigte er auf einen weiteren Schlafplatz und fuhr fort: »Und diese Schlafstelle haben wir seit langer Zeit für dich bereitgehalten.« Pilot Baba brach in Tränen aus und dankte seinem Lehrer. Von diesem Tag an waren seine äußeren und inneren Kämpfe für immer beendet.

Die Krähe

An den malerischen Stränden von Kerala lebte einst eine Krähe. Eines Tages gelang es ihr, eine besonders große Krabbe zu ergattern. Mit ihrer Beute erhob sie sich in den Himmel.

Die anderen Krähen am Strand erspähten den Leckerbissen im Schnabel ihrer Artgenossin und waren sehr neidisch auf diese, weil sie selbst an diesem Morgen noch nichts gefangen hatten. Sie verfolgten sie, um ihr die Krabbe abzujagen. Feindselig und unermüdlich wurde die Krähe angegriffen, sodass sie das Gefühl bekam, um ihr Leben kämpfen zu müssen.

Schließlich ließ sie die Krabbe fallen. Die Verfolger ließen von ihr ab und flogen kreischend dem Bissen nach. Die Krähe konnte aufatmen, schwang sich noch ein wenig empor und dachte sich: »Hier oben ist es friedlich.« Sie schaute sich um und ergänzte: »Und der ganze Himmel gehört allein mir.«

Wunden

In Benaulim im Süden Goas lebte einst eine indische Familie. Sie besaß ein kleines Restaurant, direkt am Strand. Der 16-jährige Sohn der Familie, der in der Küche arbeitete, hatte eine aggressive und streitsüchtige Natur. Eines Tages gab sein Vater ihm einen mit Nägeln gefüllten Beutel und bat ihn, jedes Mal, wenn er seine Geduld verloren hatte oder mit den anderen Köchen und Kellern in Streit geraten war, einen Nagel in die Küchenwand zu schlagen.

Schon am ersten Tag schlug der Junge allein 29 Nägel in die Küchenwand. Zum ersten Mal in seinem Leben bemerkte er, wie streitsüchtig er war und dass er selbst der Urheber vieler Auseinandersetzungen war – und nicht seine Brüder, Freunde oder Arbeitskollegen.

Von einem Yogi, der immer wieder in der Gegend weilte, lernte er Pranayama und Meditation. Dadurch gelang es ihm immer besser, sich zu beherrschen, und die Zahl der Nägel, die er täglich in die Küchenwand schlug, wurde immer kleiner. Mit der Zeit bemerkte der Junge sogar, dass es einfacher war, sich zu beherrschen, als einen Nagel in die Wand zu hämmern. Schließlich kam der erste Tag, an dem er keinen Nagel mehr in die Wand schlagen musste.

Er ging zu seinem Vater und erzählte ihm, dass er heute keinen einzigen Nagel in die Küchenwand geschlagen hatte. Der Vater freute sich über diese Nachricht und trug dem Jungen auf, er solle von nun an an jedem Tag, an dem er sein Temperament erfolgreich unter Kontrolle halten könne, wieder einen Nagel aus der Wand herausziehen.

Bis der Junge seinem Vater erzählen konnte, dass er alle Nägel wieder aus der Wand gezogen habe, vergingen viele Wochen. Der Vater ging daraufhin mit seinem Sohn zu dieser Wand und erklärte ihm: »Mein Sohn, du hast gelernt, deinen Geist zu beherrschen. Und das freut mich sehr! Aber schaue nur, wie viele Löcher du in der Wand hinterlassen hast. Sie wird nie mehr dieselbe Wand sein wie vorher. Jedes Mal, wenn du Streit mit jemandem hast oder ihn gar beleidigst, bleiben Wunden zurück – so wie diese Löcher in der Wand geblieben sind. Es ist, als stächest du jemanden mit einem Messer. Wenn du es wieder herausziehst, bleibt jedes Mal eine Wunde, die nie wieder völlig verheilen wird. Und ganz egal, wie oft du dich auch entschuldigst, die Wunde wird als Narbe immer bleiben. Selbst wenn du die Verletzung längst vergessen haben wirst, so wird der andere sie immer noch tragen. Und denke immer daran: Eine Wunde, die du mit Worten erzeugst, tut genauso weh wie eine äußerliche Verletzung.«

Ein Platz in der Hölle

Es kam, was zu erwarten war: Eines Tages waren alle Plätze in der Hölle besetzt. Und trotzdem stand noch immer eine lange Schlange von Höllenkandidaten vor dem Eingang. Schließlich kam der Satan heraus, um sie wegzuschicken. »Ihr habt Glück! Hier ist es zu voll geworden. Es gibt nur noch einen einzigen freien Platz.« Der Teufel überlegte kurz, dann verkündete er: »Dieser letzte Platz ist für den allerschlimmsten Sünder bestimmt. Ist vielleicht ein Massenmörder unter euch?« Alle schüttelten verneinend den Kopf.

Dann fragte der Satan einen nach dem anderen aus und hörte sich deren Verfehlungen an. Die Bösewichter erzählten von ihren Schandtaten, aber keine davon war so schrecklich, um dafür den letzten freien Platz in der Hölle zu bekommen.

Immer wieder schaute sich der Satan die Leute in der Schlange genau an. Schließlich entdeckte er einen jungen Mann, den er noch nicht befragt hatte. Der Mann stand da, als wäre er eher zufällig hier. »Was hast du getan?« – »Gar nichts!«, schrie der Mann überrascht heraus. »Ich bin ein durch und durch guter Mensch und nur aus Versehen hier.« – »Aber du musst doch etwas getan haben«, entgegnete der Teufel. »Jeder Mensch stellt im Verlaufe seines Lebens irgendetwas an!«

Doch der »gute Mann« blieb bei seiner Aussage: »Ich habe immer nur Gutes getan. Ich habe zwar viel Böses aus der Ferne beobachtet, doch ich hielt mich immer fern davon. Ich sah, wie Unterdrückte verfolgt wurden, aber ich beteiligte mich nicht an solchen Schandtaten. Kinder wurden in die Sklaverei verkauft, Arme und Schwache wurden ausgebeutet. Überall um mich herum geschahen Übeltaten aller Art, ich allein widerstand der Versuchung – ich tat nichts dergleichen.«

»Absolut nichts?«, fragte der Satan erstaunt: »Bist du völlig sicher, dass du das alles nur zufällig mit angesehen hast?« – »Ja, vor meiner eigenen Haustür«, bekräftigte der Mann. – Verblüfft wiederholte der Teufel: »Und du hast wirklich nichts getan?« – »Nein!«, antwortete der junge Mann im Brustton der Überzeugung. – »Gut!«, sagte der Teufel, »dann komme mit mir mit. Der freie Platz ist für dich!«

Der Skorpion

Während meines Ashramaufenthalts in Indien versuchte ich mich täglich in den Übungen eines Yogis und Sadhus. Daher hatte ich auch eines Tages die Matratze, die meine Schlafstätte darstelle, im Visier. Sie war mir ein Dorn im Auge, weil sie dick und bequem war. Und wahre Yogis sollten schließlich auf harten Unterlagen, wenn nicht gar auf dem Boden selbst schlafen – so hatte ich es jedenfalls in einem Artikel gelesen. Weil es für jedes Zimmer auch eine Liste gab, auf der alle darin enthaltenen Gegenständen verzeichnet waren, war es gar nicht so einfach, die Matratze gegen eine weitere Wolldecke einzutauschen. Als der Sommer kam, erwies sich die fehlende Matratze als ein kleines Problem. Denn im Sommer war ein Moskitonetz unerlässlich, und es war natürlich ungleich schwieriger, dieses unter eine weiche Decke zu schlagen und zu fixieren als unter eine festere Matratze. Eines Nachts fand mein Experiment ein jähes Ende.

Im Schein des immer brennenden Nachtlichts sah ich plötzlich oberhalb meines Kopfes einen großen schwarzen Skorpion innerhalb des Moskitonetzes. Ich war hellwach, so wach, dass ich fast vergaß, zu atmen. Zugleich entwickelte ich eine zeitlupenhafte Langsamkeit, in der ich nach unten hin aus dem Moskitonetz hinausglitt. Anschließend begab ich mich mit dem Skorpion im Netz nach draußen. Ich fand keine Erklärung dafür, dass der Skorpion innerhalb des Moskitonetzes gelangen konnte, denn jeden Abend wurden beim Zubettgehen die Säume des Netzes sorgfältig unter die Decke geschlagen, um auch ja keinen Moskito einzuladen. Nun war das nicht der einzige Skorpion auf dem Gelände des Ashrams, und während der Monsunzeit gab es dort auch Schlangen, die beim Öffnen einer Tür vom Türbalken herabfallen oder die einem beim Zurückschlagen der Bettdecke im gemütlichen Bett begegnen konnten.

Meist jedoch hatten die Schlangen oder Skorpione mehr Angst vor Menschen als umgekehrt und gingen ihrer Wege. In Vorlesungen und Gesprächen wurde auch immer wieder darauf hingewiesen, dass Schlangen oder Skorpione einer speziellen Gattung angehören, die man besser in Ruhe lässt. Also lupfte ich hier und da das Moskitonetz, um den Skorpion in Freiheit zu setzen.

Dabei gingen mir jede Menge Gedanken durch den Kopf. *Ahimsa* ist ein Begriff, über den jeder kurz oder lang stolpert, der sich in Indien für mehr als ein paar Monate aufhält. Er beinhaltet das Gebot des Nichttötens jeglichen Lebewesens, sei es Mensch, Tier oder der kleinste Wurm auf der Erde.

Ich bewundere noch immer die weiß gekleideten Jain-Pilger, wie sie in langsamen, bedächtigen Schritten ihrer Wege gehen, dabei mit einem Wedel vorsichtig den Boden vor ihren Füßen fegend, auf dass auch das winzigste Lebewesen nicht zu Schaden komme, geschweige denn durch sie totgetreten werde. Ein sehr mühseliges Unterfangen – und was für eine Verinnerlichung und Verwirklichung des Gedankens des Nichttötens. So weit war ich jedoch damals nicht – und als der Skorpion außerhalb des Netzes war, beförderte ich ihn mit einem Stock in die Hecke längs des Weges vor meinem Zimmer.

Der eigene Schatten

Einst lebte in Südindien in einem Ashram ein junger Schüler, der wollte Erleuchtung erlangen, nur Gutes tun und ein spirituelle Leben führen. Doch so sehr er sich auch bemühte, es gelang ihm nicht immer. Anstatt in der Meditation Krishna zu visualisieren, musste er unentwegt an das junge Mädchen aus dem Nachbardorf denken, das er immer wieder sah, wenn er zum Tempel des Dorfes ging. Auch schlief er länger, als es ihm lieb war, und statt an der ersten Meditation am frühen Morgen um 4 Uhr teilzunehmen, kam es vor, dass er erst um sechs Uhr aus einem tiefen, schweren Schlaf erwachte.

Jede Nacht hatte er den gleichen Traum. Er stand in einer wunderschönen, sonnendurchfluteten Landschaft. Die Sonne stand hoch am Himmel und vor seinen Füßen sah er einen klar umrissenen, dunklen Schatten. Er wusste, dass der Schatten das Symbol für seine Schwächen, seine Trägheit und Bequemlichkeit war. Und jede Nacht versuchte er aufs Neue, über seinen eigenen Schatten zu springen. Er wollte doch so gerne seine Schwächen überwinden, er wollte doch so gerne die Erleuchtung erlangen! Jede Nacht arbeitete er in seinem Traum daran. Er erfand neue Sprungtechniken, machte immer höhere und weitere Sprünge. Doch es wollte ihm nie gelingen, seinen Schatten hinter sich zu lassen. Viele Jahre ging das so.

Aber eines Nachts hatte er einen außergewöhnlichen Traum. Er befand sich auf einer Wanderschaft mit einem alten Yogi, der vollkommen ruhig und ausgeglichen wirkte. In dem Traum nahm der Yogi den jungen Mann als Schüler an, und dieser traute sich schließlich, den Yogi zu fragen: »Guruji, wie gelingt es dir, so in deiner Mitte zu wandeln? Ich bin fehlerhaft und versuche darüber hinwegzukommen. Aber ich schaffe es einfach nicht!«

Der alte Yogi lachte und antwortete ihm: »Auch ich habe noch viele Fehler, auch wenn du sie nicht siehst. Die einzige Lösung, die es gibt, lautet: Richte deine Aufmerksamkeit auf Krishna und nicht auf deine Fehler! Tue, was zu tun ist, aber schaue dabei nicht immer auf deine Schwächen. Denn womit du dich in deinem Geist beschäftigst, das wirst du.«

Der Schüler lauschte den Worten des Yogis und so langsam dämmerte es ihm. In der folgenden Nacht sah er wie jede Nacht in seinem Traum seinen Schatten. Aber dieses Mal versuchte er nicht, darüber zu springen, sondern er wandte sich von seinem Schatten ab – und der Sonne zu. Und zum ersten Mal spürte er die angenehme Wärme und das Licht, das ihn nun durchflutete und das er all die Jahre lang nicht wahrgenommen hatte. Und siehe da, in dem Moment hatte er seinen eigenen Schatten übersprungen.

Von diesem Tage an war auch er ein glücklicher Mensch. Er war zwar immer noch nicht erleuchtet und er wusste, dass er noch etliche Schwächen hatte, aber er beschäftigte sich nicht mehr mit ihnen und gab ihnen keine Energie mehr.

Dharma und Karma

Im ersten Eingangsvers der *Bhagavadgita* wird bereits das Sanskritwort *Dharma* erwähnt:

> dharmakshetre kurukshetre samaveta yuyutsava:
> maamakaa: paandavaashchaiva kimakurvata sainjaya

»›Auf dem Feld des Dharma, in Kurukshetra …‹, so sprach der blinde König Dhrutaraashtra seinen Minister Sanjay an.«

Dharmakshetra heißt wörtlich übersetzt »ein Ort, an dem heilige Handlungen und Rituale vollzogen werden«. Daher ist es von großer Bedeutung, dass die entscheidende Schlacht zwischen den verfeindeten Familien der Karus und der Pandus an diesem geschichtsträchtigen Ort stattfindet, an einem Ort des Dharma.

Dharma umfasst die Gesetzmäßigkeiten, denen alles in diesem Universum unterworfen ist; alles und jedes ist mit dem Dharma verknüpft. Die Freiheit des Menschen besteht darin, sein Eingebundensein in diese Gesetzmäßigkeiten zu erkennen und zu bejahen oder es zu negieren und sich ihnen entgegenzustellen. Das, was wir Leid nennen, ist häufig ein Resultat einer solchen Einstellung der Verneinung.
Das Wesen des Dharma hat immer mit der Ausrichtung auf

das Göttliche zu tun und mit der Frage, inwieweit wir als Menschen diese Ausrichtung erkennen, sie verstehen und unseren inneren Kompass entsprechend ausrichten. Oft wird *Dharma* übersetzt mit »das, was zu tun ist« – nur stellt sich uns die Frage: »Was ist das, was zu tun ist?« Wenn wir unsere »göttliche Ausrichtung« nicht erkennen, können wir uns auch nicht nach ihr ausrichten; es ist ein unmögliches Unterfangen.

In dieser Situation befindet sich Arjuna auf dem Schlachtfeld von Kurukshetra, als er Pfeil und Bogen fortwirft und sich weigert, zu kämpfen. Das tut er nicht aus Überzeugung oder als Pazifist, sondern aus tiefster Verzweiflung und ohne Klarheit und Wissen darüber, wie zu handeln sei.

In den folgenden Versen der *Bhagavadgita* wird er von Krishna auf seine Pflichten hingewiesen, auf »das, was zu tun ist«, auf die Gesetzmäßigkeit des Dharma. Krishna »ist Gott« und verkörpert die göttliche Essenz. Er breitet vor Arjuna eine »Landkarte des Handelns« aus, die Arjuna letztendlich davon überzeugt, sogar gegen seine eigene Verwandtschaft zu kämpfen.

Diese hat sich auf die Seite von Lug, Trug, Verblendung und Gewalt begeben und sich somit *außerhalb* der »göttlichen Ordnung« gestellt, und Arjuna wird von Krishna aufgefordert, als Kämpfer und Krieger *für* diese Ordnung einzutreten. Krishna zeigt Arjuna auf, welche Folgen es hat, nicht dem Dharma gemäß zu handeln, und was zu tun ist, um seine Aufgabe zu bejahen.

In der damaligen Zeit war das Kastenwesen sehr ausgeprägt. Arjuna gehörte der Kshatriya, der Kaste der Krieger, an, deren wichtige Aufgabe es war, für Gerechtigkeit einzutreten, das Unlautere, Ungerechte und Unwahre zu bekämpfen und auf diese Weise Recht und Ordnung, Besitz und Wohlstand im Land zu wahren. Der Schutz der Menschen, besonders der Armen und Schwachen, ist eine der moralischen Grundtugenden der Kriegerkaste.

Im zweiten Kapitel, Vers 51, erläutert Krishna den Begriff *Karma*. Er sagt zu Arjuna:

karma-jam buddhi-yukta hi phalam tyaktva manisinah
janma-bandha-vinirmuktah padam gacchanty anamayam

»Der Weise, der seine religiösen Pflichten erfüllt, nimmt Zuflucht zum Herrn und befreit sich vom Kreislauf von Tod und Wiedergeburt, indem er auf die Früchte seines Handelns in dieser materiellen Welt verzichtet. So kann er einen Zustand jenseits allen Leidens erreichen.«

Karma ist ein Wort aus dem Sanskrit und kann mit »Wirken, Tat« übersetzt werden. Im Zusammenspiel von Dharma und Karma bedeutet es »Gesetzmäßigkeit«. Unsere Gedanken, Worte, Taten und selbst unsere Gefühle setzen etwas in Gang, das nach dem Gesetz von Ursache und Wirkung eine Reaktion hervorruft.

Diese Reaktion ist nicht an einen direkten zeitlichen Ablauf gebunden. Deshalb ist sie oftmals schwer als solche zu erkennen, wenn der Zeitpunkt der Reaktion von dem sie auslösenden Ereignis oder der Aktion weit entfernt liegt, also zum Beispiel in einem anderen Leben.

Diese Gesetzmäßigkeit ist ein universales Gesetz. Für alles, was in unserem Leben geschieht, tragen wir Verantwortung – auch für unsere Gedanken. Oft wird im Sprachgebrauch zwischen positivem und negativem Karma unterschieden, was fälschlicherweise mit Belohnung und Strafe gleichgesetzt wird. Als kosmische Gesetzmäßigkeit jedoch steht Karma über menschlicher Be- oder Verurteilung.

Interessant ist der in Asien weit verbreitete Aspekt, dass auch »gutes Karma« letztendlich eine Bindung bedeutet, ein positives Guthaben, das mit einer neuen Wiedergeburt abgetragen werden muss. Im zuvor zitierten Vers weist Krishna den Weg aus dem Kreislauf der Wiedergeburten, als er Arjuna aufzeigt, dass durch die Pflichterfüllung der eigenen Aufgaben in Verbindung mit Hingabe an Gott und zugleich Verzicht auf die Früchte dieses Handelns ein Zustand jenseits des Leidens erreicht werden kann.

Auch Götter unterliegen den Gesetzmäßigkeiten von Raum und Zeit, weil sie ihr großes positives Karma abzutragen haben. »Absichtsloses Tun«, ein Handeln, ohne die Früchte des Handelns einfahren zu wollen, Bewusstheit und Klarheit der Gedanken, das Verweilen im göttlichen Bewusstsein oder das Ausgerichtetsein hierauf, befreien uns aus Samsara, dem ewigen Kreislauf von Tod und Wiedergeburt.

Leben wir die Eigenschaften eines Sannyasin oder Yogis, der in seinem Denken und Handeln allem Weltlichen entsagt hat, können uns auch Geld, Macht und größter Wohlstand nicht verführen, unseren inneren Reichtum an Ausgeglichenheit, Zufriedenheit und Bewusstheit herzugeben.

Die folgenden Geschichten zeigen Beispiele dafür auf, dass ein auf das Göttliche hin ausgerichtetes Leben nicht unbedingt in Armut und Entsagung geführt werden muss. Reichtum, Wohlstand und Macht sind sehr vergängliche Erscheinungsformen, die, wenn sie ohne Anhaftung gebraucht werden, kein negatives Karma hervorbringen.

Der Schimmel

In Rajastan lebte ein Bauer, der so arm war, dass er selbst für das Pflügen seines Feldes sich einen Ochsen ausleihen musste. Die Not war arg, und er konnte kaum seine große Familie ernähren; seine Kinder litten oft Hunger. Eines Tages hörte er frühmorgens ein Schnauben und Scharren vor der Tür seiner Hütte und erblickte einen wunderschönen Schimmel, der sich vertrauensvoll streicheln und auch anbinden ließ. Seine Frau, die Nachbarn, die Verwandten, alle bewunderten plötzlich unseren armen Bauern: »Du bist reich, jetzt wo du ein Pferd hast. Es ist dir zugelaufen, es gehört dir, und wenn du es verkaufen solltest, wärst du der reichste Mann im Dorf.« Der Bauer aber erwiderte: »Es mag uns zum Vorteil gereichen oder auch nicht – wer weiß das schon.«

Die Tage vergingen und unser Bauer lebte nun mit seiner Familie in bescheidenem Wohlstand. Doch eines Tages verschwand der Schimmel über Nacht. Als die Nachbarn am nächsten Morgen davon erfuhren, kamen sie, um den Bauern zu trösten: »Du Armer, verlierst den Schimmel und all deinen Reichtum«, sprachen einige, und seine Frau jammerte: »Wieso bestrafen uns die Götter dadurch, dass sie uns das einzige Pferd wieder nehmen?« Der Bauer aber entgegnete: »Es mag uns zum Vorteil gereichen oder auch nicht – wer weiß das schon.«

Es war wieder ein hartes Leben für die Bauernfamilie, und
oft knurrten die Mägen vor Hunger. Eines Morgens hörte
der Bauer wieder ein Schnauben und Scharren, viel stär-
ker als beim ersten Mal. Er öffnete die Tür und staunte
nicht schlecht: Vor ihm stand nicht nur der wunderschöne Schimmel, er hatte sogar weitere Pferde mit sich gebracht. Alle ließen sich einfangen und anbinden. Als sich
die Nachricht herumgesprochen hatte, gab es kein Halten
mehr bei den Nachbarn. Sie liefen alle herbei, um dem
Bauern zu seinem Glück zu gratulieren: »Was bist du nur
für ein Glückspilz«, sprachen sie, »die Götter sind dir so
wohlgesonnen, dass sie dich mit so viel Reichtum beschen-
ken!« Unser Bauer aber blieb bescheiden und sagte nur:
»Es mag uns zum Vorteil gereichen oder auch nicht – wer
weiß das schon.«

Sie alle genossen den wiedergewonnenen Reichtum. Eines
Tages aber, als der älteste Sohn den Schimmel reiten wollte, warf dieser ihn ab, und der Junge brach sich die Beine
und Arme. Das Gejammere seiner Frau und der Nachbarn
war groß: »Was hast Du nur für ein Pech«, riefen sie, »dein
ältester Sohn ist zum Krüppel geworden. Was hast du nur
für ein schlechtes Karma, dass die Götter Dich derart stra-
fen!« Gelassen erwiderte der Bauer: »Es mag uns zum Vorteil gereichen oder auch nicht – wer weiß das schon.«

Wochen später kam ein Trupp der Soldaten des Radschas
vorbei und nahm alle jungen Männer des Dorfes mit, denn

der Radscha wollte Krieg führen mit einem anderen Herrscher. Den Sohn des Bauern ließen sie zurück, weil dieser immer noch an Krücken ging. Traurig und klagend kamen die Nachbarn zu unserem Bauern und sagten: »Was für ein großes Glück du doch hast, dass dein Sohn vom Pferd gefallen und deshalb nicht in das Heer des Radschas eingezogen worden ist.« Doch unser Bauer entgegnete den Nachbarn ruhig: »Es mag uns zum Vorteil gereichen oder auch nicht – wer weiß das schon.«

Der Riss in der Kanne

Einst lebte in Gujarat nahe am Ufer des heiligen Flusses Narmada eine alte Frau. Jeden Tag ging sie zum Ufer, um in zwei Kannen Wasser aus dem Fluss zu holen. Auf jeder Schulter trug sie eine Kanne. Während auf ihrer einen Seite die Kanne neu und glänzend poliert war, war die auf der anderen Seite alt und hatte einen Riss. Die makellos glänzende fasste stets eine volle Portion Wasser, während aus der alten und stumpf scheinenden Kanne das Wasser tropfte. Wenn die alte Frau ihre Hütte erreichte, war die glänzende immer voll, die alte Kanne immer halb leer.

Zwei Jahre lang ging dies so, Tag für Tag – die alte Frau brachte immer nur anderthalb Kannen Wasser zu ihrer Hütte. Die makellose Kanne war natürlich sehr stolz auf ihre Leistung. Die arme Kanne mit dem Riss aber schämte sich wegen ihres Makels und war betrübt, dass sie nur die Hälfte dessen verrichten konnte, wofür sie gemacht worden war.

Nach zwei Jahren – die ihr wie ein endloses Versagen vorkamen – sprach die alte Kanne zu der alten Frau: »Ich schäme mich so wegen meines Risses, aus dem auf dem ganzen Weg zu deiner Hütte immerzu Wasser läuft.« Die alte Frau lächelte. »Ist dir jemals aufgefallen, dass auf deiner Seite des Weges Blumen blühen, aber auf der Seite der anderen Kanne nicht? Ich habe auf deiner Seite des Pfades Blumensamen gesät – weil ich mir deines Fehlers bewusst war. Du gießt sie jeden Tag, wenn wir nach Hause laufen. Zwei Jahre lang konnte ich deshalb diese wunderschönen Blumen pflücken und meinen Tisch damit schmücken. Wenn du nicht genauso wärst, wie du bist, würde diese Schönheit nicht existieren und unser Haus beehren.«

Jeder von uns hat seine ganz eigenen Macken und Fehler, aber es sind die »Sprünge« und die »Risse«, die unser Leben so interessant und lohnenswert machen. Man sollte jeden Menschen einfach so nehmen, wie er ist, und das Gute in ihm sehen. Also, an all meine Freunde mit einem Riss in der Kanne oder einem Sprung in der Schüssel: Habt einen wundervollen Tag, und vergesst nicht, den Duft der Blumen auf der Seite eures Pfades zu genießen.

Der Esel im Brunnen

Vor langer Zeit gab es am Rande der Wüste Thar in Rajastan in einem kleinen Dorf einen alten Mann. Er war ein Bauer und lebte allein mit seinen wenigen Tieren in einer heruntergekommenen, alten Holzhütte. Nahe der Hütte gab es einen Brunnen, der aber schon vor langer Zeit versiegt war. Der alte Bauer besaß einen Esel, der genauso alt und krank war wie er selbst.

Eines Tages lief der Esel zum alten Brunnen – in der Hoffnung, dort etwas Wasser vorzufinden. Doch der Esel hatte alte, schwache Beine und fiel in den tiefen Schacht. Von den angstvollen Schreien des Esels geweckt, kam der alte Bauer aus seiner Hütte gelaufen und fand seinen Esel unten im Brunnen. Er versuchte, den Esel aus dem Loch zu ziehen, doch er war zu schwach und der Brunnen war zu tief. Da erblickte er einige Männer, die an einem Zaun in der Nähe arbeiteten und rief sie zu sich. Doch auch gemeinsam mit den starken Männern gelang es dem Bauen nicht, seinen Esel aus dem Brunnen zu befreien. Der Bauer erkannte schweren Herzens, dass ihm nichts anderes übrig blieb, als ihn sterben zu lassen. Das tat dem Bauer sehr weh, denn seine Tiere waren das Einzige, was er besaß, und der Esel war ihm immer sehr lieb gewesen.

Weil der Brunnen ohnehin zugeschüttet werden sollte, schaufelten die Männer Sand und Schutt in den Brunnen, um dem Esel ein Grab zu schaffen. Der kluge Esel erkannte sein Schicksal und schrie noch lauter und verzweifelter, doch niemand konnte ihm helfen. Nach einiger Zeit wurde es still im dunklen Brunnenschacht. Der alte Bauer wagte einen vorsichtigen Blick über den Rand des Brunnens und traute seinen Augen nicht, denn der Esel hatte etwas Erstaunliches getan: Jede Schaufel voll Erde, die in den dunklen Schacht gefallen war, hatte der Esel von seinem struppigen Fell abgeschüttelt und mit seinen Hufen festgetreten. So kam der Esel dem Tageslicht immer näher. Schließlich hatten die Männer so viel Erde in den Brunnen geschüttet, dass der alte Esel aus eigener letzter Kraft aus dem Brunnen springen konnte.

Mäntel im Wind

An einem einsamen Strand am Golf von Bengalen wohnten drei Mönche gemeinsam in einer kleinen schlichten Holzhütte. Sie waren immerzu unter sich, nur ab und zu verirrte sich ein verliebtes Paar auf den malerischen Strand. Die drei Mönche lebten sehr fromm und sie waren alle drei sehr weise und alt. Weil sie sehr weise waren, belohnte sie Gott jeden Tag mit einem kleinen Wunder. Jeden Tag nach ihren täglichen Gebeten und ihrer Andacht, nahmen sie ein Bad in den kühlen Wogen des Meeres. Bevor sie ins Wasser gingen, hängten sie ihre Mäntel einfach in den Wind, und die Mäntel schwebten im Wind, bis die Mönche wieder aus dem Wasser kamen und sie anzogen.

Eines Morgens, als sie sich gerade im Meer erfrischten, flog ein riesiger Seeadler über ihren Köpfen hinweg. Plötzlich flog er steil auf die Wasseroberfläche hinab und als er sich wieder erhob, hielt er einen zappelnden Fisch in den Fängen. Verärgert sagte einer der Mönche: »Böser Vogel. Nur weil du so gierig bist, muss der arme Fisch jetzt sterben.« Da fiel plötzlich sein Mantel, der zuvor noch vom Wind gehalten wurde, auf den feuchten Boden. Der zweite Mönch sprach voller Mitleid: »Du armer Fisch. Wie leid du mir tust, dass dein Leben jetzt schon so ein jähes Ende findet. Welch schlechtes Karma du wohl hast!« Und auch seinen Mantel ließ der Wind achtlos auf den Boden fallen. Der dritte Mönch jedoch sah dem davonfliegenden Vogel nach, der immer noch seine Beute fest in den Fängen hielt. Er sah ihn kleiner und kleiner werden und im Morgenlicht verschwinden. Der Mönch schwieg. Sein Mantel blieb im Wind hängen.

Der Sannyasin-König

Vor langer Zeit gab es im Norden Indiens ein Königreich, das seine ganz eigene Art der Königswahl hatte. Wurde kein Thronerbe hinterlassen, ließen die Minister des verstorbenen Königs den Nachfolger durch den weißen Palastelefanten auswählen. Zu diesem Zweck führten sie dann alle Bewohner des Königreichs zum nahe gelegenen Tempel und warteten darauf, dass der Elefant zu einem der Menschen ging, ihn mit seinem Rüssel umfasste, auf seinen Rücken setzte und ihn zurück zum Palast trug.

Einmal wählte der Elefant einen zufällig anwesenden Sannyasin aus der großen Menschenmenge aus und setzte ihn sich mit dem Rüssel auf seinen Rücken. Der Sannyasin war ein weiser Mann, der viele Jahre zurückgezogen in Meditation gelebt hatte. Er hatte seine Höhle in den Bergen des Himalaya verlassen, um an der alle zwölf Jahre stattfindenden Kumbha Mela teilzunehmen. Der Elefant trug nun den Sannyasin auf seinen Rücken zum Palast, wo dieser zum König gekrönt werden sollte.

Der Sannyasin war äußerst verwundert und fragte die versammelten Minister: »Warum hat euer Elefant mich hergebracht?« – Die Minister verbeugten sich vor ihrem zukünftigen König und der ranghöchste unter ihnen antwortete: »Mein Herr, es ist ein alter Brauch in diesem Königreich, dass derjenige, der vom Palastelefanten ausgewählt wird, auch zum König gekrönt wird.« – »Aber ich möchte nicht König eines Königreichs werden. Ich bin ein Sannyasin. Ich bin auf der Wanderung und habe vor, mich nach der Kumbha Mela wieder in meine Höhle in den Bergen des Himalaya zum Meditieren zurückzuziehen.« – Ohne auf den Einwand des Sannyasins einzugehen antwortete der Minister: »Aber es ist dein Dharma, deine Bestimmung, wenn der Elefant dich ausgewählt hat. Du kannst und darfst davor nicht weglaufen.« Diese Worte überzeugten den Sannyasin, und so blieb er am Hofe und ließ sich zum König krönen.

Der neue König übernahm all die Pracht und den Wohlstand seines Vorgängers und wohnte auch in den königlichen Gemächern. Aber es bedeutete ihm nichts. Nach wie vor machte er seine täglichen Yogaübungen und saß lange in Meditation. Für die Menschen im Königreich war es eine gute Zeit und es herrschten Wohlstand und Zufriedenheit. Auch dem Herrscher des Nachbarreiches, der für seine Gier bekannt war, kam es zu Ohren, dass der neue König kein Interesse an Macht und materiellem Reichtum zeigte. Also befand er, dass dies genau der richtige Moment sei, um in das benachbarte Königreich einzufallen, und beschloss, es zu erobern. Er zog mit seiner Armee vor die Tore der Königsstadt und forderte den Sannyasin-König und dessen Armee zum Kampf heraus. Die Minister berichteten ihrem König von der gegnerischen Armee und dem bevorstehenden Kampf.

Der Sannyasin-König aber war mehr als erstaunt über den Wunsch des anderen Herrschers und fragte: »Aber warum möchte er gegen uns kämpfen? Was haben wir ihm getan?« – Sein oberster Minister antwortete: »Wir wissen um seine Gier und seinen langjährigen Wunsch, auch dieses Königreich zu besitzen. Deshalb bitten wir dich: Gib uns den Befehl, das gegnerische Heer anzugreifen.« – Erstaunt sah der König seinen Minister an: »Ich sehe keinen Grund zu kämpfen. Warum auch? Nur weil unser Nachbar getrieben ist von Gier?«

Die Minister waren erstaunt und verwundert und wussten nicht, was sie nun tun sollten. Als der kriegerische König feststellte, dass die gegnerischen Armeen sich nicht zum Kampf aufstellten, ging er persönlich in die Empfangshalle des Palastes, um den weisen Sannyasin-König herauszufordern. Als er ihm gegenüber stand, sprach er: »Oh Radscha! Du weißt, dass ich gekommen bin, dich zu bekämpfen und dir dein Königreich wegzunehmen.« – Der weise König hörte diese Worte wohl, doch konnte er sie nicht verstehen und so fragte er: »Was hast du davon, wenn du blind immer nur deiner Gier folgst? Warum willst du uns bekämpfen und dabei so viele Menschen töten?« – »Ich möchte, dass mein Reich noch größer wird und dazu brauche ich dein Königreich«, antwortete der kriegerische König. – Der Sannyasin-König schaute ihn ruhig an und erwiderte: »Aber dazu brauchst du doch mit meiner Armee nicht zu kämpfen. Du kannst diesen Thron und mein Königreich haben. In bin in meinem Herzen ein Sannyasin. Ich habe lange in den Bergen ein Leben der Entsagung gelebt und werde, sollte ich zurückgehen, es auch so weiterleben. Deshalb gebe ich dir meinen Thron und dieses Königreich gerne, wenn es dein Wunsch ist. Komm und besteige diesen Thron. Wenn es dir ein so großes Anliegen ist, werden wir dich noch heute zum Herrscher auch dieses Königreichs krönen.«

Schlagartig wurde dem gierigen König sein Verhalten bewusst, und er war so beschämt, dass er vor dem weisen König zu Boden fiel, ihm sein eigenes Königreich schenkte und ihn bat, von ihm als sein Schüler angenommen zu werden. So wurde der weise König ohne jegliches Blutvergießen Herrscher über beide Königreiche. Sein oberster Minister, der dies alles verfolgt hatte, war so berührt, dass er augenblicklich eine tiefe Erkenntnis erlangte: Er verstand die Macht der Entsagung. Durch die Nichtanhaftung des Sannyasin-Königs an Macht und Besitz war dem ganzen Land ein Blutbad erspart geblieben, und ohne Kampf hatte er ein weiteres Königreich zum eigenen hinzugewonnen.

Zeichen auf dem Weg

Vor langer Zeit beschloss ein alter Mann, dass es an der Zeit wäre, dass seine beiden Söhne Rahul und Naresh das Elternhaus verlassen und Erfahrungen sammeln sollten. Er rief sie zu sich, erklärte ihnen seinen Entschluss und schickte sie in die Vorberge des Himalaya. Weiter trug er ihnen auf, auch die Dörfer links und rechts des Weges zu besuchen und auf ihrem Weg dorthin Zeichen zu hinterlassen. Die beiden jungen Männer gehorchten ihrem Vater und zogen gemeinsam aus der Tiefebene in die Berge. Schon nach kurzer Zeit begann Rahul, Zeichen auf dem Weg zu hinterlassen. Er knickte hier und da einige Zweige ab, legte immer wieder kleine Steine auf den Weg oder knüpfte Knoten in Grashalme. Solcherart Zeichen hinterließ er den ganzen Weg. So war der Weg, den er gegangen war, voll von seinen Zeichen, doch gesprochen hatte er mit keinem einzigen Menschen.

Sein Bruder Naresh verhielt sich ganz anders. Er knüpfte keine Knoten ins Gras, legte keine Steine auf den Weg und knickte auch keine Zweige ab. Den ganzen Weg ging er mit offenem Herzen und er genoss das Gehen in der Natur. Im ersten Dorf setzte er sich im Gasthaus zu einigen Männern an den Tisch und erzählte ihnen Geschichten aus seinem Leben und aß und trank mit ihnen. Im zweiten Dorf half er einem Jungen, seinen entlaufenen Esel wiederzufinden, und wurde von seinen Eltern in ihr Haus zum Essen eingeladen. Im dritten Dorf machte Naresh die Bekanntschaft eines jungen Mädchens, dem er den Wasserkrug nach Hause trug, und er durfte beim traditionellen Dorffest mitfeiern.

Rahul hingegen wusste nichts von den Taten seines Bruders, denn er knüpfte und knickte weiter das Gras und die Zweige. Nach einigen Wochen kehrten beide Brüder nach Hause zurück und erzählten ihrem Vater von ihren Erlebnissen. Gemeinsam mit ihm gingen sie noch mal den gleichen Weg durch die Dörfer. Egal, wohin sie kamen, wurde Naresh mit seinem Vater herzlich begrüßt und zum Essen eingeladen, doch Rahul kannte niemand. Verwirrt sagte Rahul zu seinem Vater: »Ich verstehe nicht, warum mich niemand kennt, Naresh aber von allen begrüßt und geehrt wird, obwohl er nichts getan hat, als in die Natur und in den Himmel zu schauen. Ich habe überall Grashalme geknüpft, Zweige geknickt und Zeichen gesetzt, wie du es uns aufgetragen hast und trotzdem kennt mich niemand.«

Da sagte der Vater zu seinem Sohn Rahul: »Mein Sohn, es gibt noch andere Zeichen als Zweige abknicken und Steine hinlegen. Naresh hat Zeichen in den Herzen der Menschen hinterlassen, indem er mit ihnen gesprochen und ihnen geholfen und seine Freundschaft gezeigt hat. Die Zeichen bleiben auch dann immer noch in den Herzen der Menschen, wenn deine abgeknickten Zweige längst von wilden Tieren gefressen worden sind oder der Wind

sie verweht hat.« Rahul war tief beeindruckt von den ein-
dringlichen Worten seines Vaters und antwortete bescheiden: »In Zukunft will auch ich lernen, solche Zeichen zu
hinterlassen.«

Der Johannisbrotbaum

Ein Mann namens Kumar Prakash lief eines Morgens entlang dem südindischen Fluss Tungabhadra. Kumar Prakash hatte ein böses Herz und hatte einen durch und durch finsteren Charakter. Er fand nur Gefallen an schlechten Dingen, und alles Gute und Schöne, das er berührte oder auch nur ansah, zerstörte er. Er kam an einem jungen Johannisbrotbaum vorbei. Das Bäumchen war kräftig und auf dem besten Wege, ein schöner, großer und stattlicher Baum zu werde. Die Schönheit und Kraft des jungen Baums gefiel Kumar Prakash gar nicht, und so legte er dem Baum einen schweren Stein in die Krone. Er war sehr zufrieden mit seiner Tat und ging weiter. Der arme Baum versuchte mit aller Kraft, den schweren Stein abzuschütteln, und bog sich hin und her, doch der Stein saß fest und eingeklemmt in seiner Krone. Daraufhin krallte der junge Baum seine Wurzeln so tief in die Erde und drückte so fest, wie er nur konnte, gegen den harten Erdboden, bis er auf eine Wasserader stieß. Nun bekam der Baum genug Wasser und wuchs und wuchs immer weiter. Durch die neu gewonnene Kraft drückte der Baum von unten gegen den Stein und wuchs gewaltig in den Himmel hinein. Schließlich wurde er größer, als all die anderen Bäume, mit denen er aufgewachsen war. Durch das Wasser der verborgenen Wasserader und der Kraft spendenden Energie der Sonne wurde er zum schönsten und stattlichsten Baum im ganzen Land.

Nach einigen Jahren kam Kumar Prakash erneut zum Tungabhadra-Fluss, um sein Werk zu bestaunen. Er erwartete, einen verkrüppelten und vertrockneten, traurigen Baum vorzufinden, doch so einen fand er nicht. Er suchte die ganze Gegend ab. Da senkte der riesige Baum sein stolzes Haupt zu ihm herab und sagte: »Ich möchte dir danken, fremder Mann. Die Last, die du mir aus bösem Willen in meine Krone gelegt hast, ließ mich kraftvoller und schöner werden, als ich es sonst je hätte sein können.« Beschämt senkte Kumar Prakash sein Haupt und ging nach Hause.

Drei Yoga-Wege

Mit seinen Unterweisungen führt Krishna seinen Schüler Arjuna in die Lehre des Yoga ein und zeigt ihm drei Wege auf, die zur Selbstbefreiung führen: Die Wege des Jnana-, des Karma- sowie des Bhakti-Yoga. Jnana-Yoga ist der Weg des Wissens und der Erkenntnis, Karma-Yoga der des Handelns und selbstlosen Dienens, und als Bhakti-Yoga wird der Weg der Hingabe und Liebe bezeichnet.

Die folgende Geschichte verdeutlicht die Essenz dieser drei Wege. Ein Schüler fragt seinen Lehrer: »Guruji, was ist die Essenz des Universums?« Und ohne die Antwort seines Lehrers abzuwarten, fragt er weiter: »Was ist die Essenz von mir? Und worum geht es im Leben, was ist der Sinn?« – Der Guru schaut den Schüler lange an und antwortet ihm dann mit einem einzigen Satz: »*Tat tvam asi!* ›Das bist du!‹«

Auf dem Weg des Jnana-Yoga ist es ausreichend, wenn der Schüler diese drei Wörter hört: »Das bist du!« Idealerweise sollte in diesem Moment alles Fragen beendet sein und der Schüler auf der Stelle Erleuchtung erlangen; alle weiteren Fragen erübrigen sich und lösen sich in Luft auf. Deshalb wird oft überliefert, dass Jnana-Yoga der kürzeste, schnellste und ideale Weg zur Erleuchtung sei. Denn auf die existenziellen Lebensfragen »Was ist die Essenz allen Seins?«

und »Wer bin ich?« braucht es nur diese eine Antwort des Lehrers: »*Tat tvam asi!* ›Das bist du!‹« und alles Fragen hat ein Ende.

Allerdings ist der Weg des Jnana-Yoga ein schmaler und nicht für jedermann gedacht. Es ist auch überliefert, dass nur für eine kleine Anzahl von Schülern mit dieser einen Frage und der kurzen Antwort der Weg des Suchens beendet war. Für viele Menschen sieht die Realität anders aus. Die erste Antwort bewirkt nämlich die nächste Frage.

Nehmen wir die ersten beiden Wörter: *Tat tvam* – »Du bist«. Darunter kann man sich eine Menge vorstellen. Was bin ich? Wer bin ich? Was möchte ich? Was war ich? Wo geht die Reise hin? Was habe ich alles erreicht im Leben? Was habe ich nicht erreicht? Damit sind unsere Gedanken lange beschäftigt.

Das dritte Wort, *asi* – »das«, bereitet den Nährboden für weiteres Fragen. Wie wollen wir dieses Das beschreiben, wie es benennen, welche Qualitäten geben wir ihm? Ist es das absolute Göttliche oder das relative? Ist dieses Das etwas mit Eigenschaften oder das Form- und Namenlose?

Es scheint ein aussichtsloses Unterfangen zu sein, das Brahman, das »Eine ohne ein Zweites«, benennen, umreißen oder beschreiben zu wollen. Und hier tut sich ein Widerspruch auf, da alle Beschreibungen aus unserem Denken selbst, unserem Verstand entspringen und nur auf der Grundlage der Dualität möglich sind.

Brahman wird als das »Ur-Eine« definiert, das jenseits aller Begrifflichkeiten existiert. Wir sprechen nicht von Brahma, dem Schöpfergott, sondern von der nichtdualistischen Einheit, in der alle Erscheinungsformen, alles Sein seinen Ursprung hat. Mit den Fragen nach dem Das beginnt ein Weg des Fragens und Infragestellens, des Forschens. Es beginnt ein endloses Frage- und Antwortspiel, da jede Antwort auf eine Frage neue Fragen gebiert. Und hier kommen die Wege des Karma- und des Bhakti-Yoga ins Spiel – wo endloses Fragen in selbstloses Dienen und bedingungslose Liebe mündet.

Karma-Yoga

Kurz vor der entscheidenden Schlacht bei Kurukshetra erklärt Krishna Arjuna die grundlegenden Inhalte des Karma-Yoga. *Karma* heißt »Handeln«, und so ist dieser Weg ein aktiver Weg, nämlich der des Tuns, des Handelns oder auch des selbstlosen Dienens. Wann immer wir unsere Aktivitäten am Grad ihrer Selbstlosigkeit messen, eröffnen sich für den Schüler einige Hürden und Fallen.

Es ist oft schwierig, zu unterscheiden, wo selbstloses Handeln beginnt und wo unser Handeln vom Ego bestimmt wird. Ist das Ego die Quelle des Handelns, wird weiteres Karma angehäuft. Je subtiler die Verzweigungen der Strukturen des Ego, desto schwieriger wird diese Unterscheidung. Sie ist jedoch von allerhöchster Wichtigkeit, da eine Tat nie an sich, sondern erst durch die zugrunde liegende Motivation und die dahinter stehende treibende Kraft bedeutsam wird.

Zu handeln mit größtmöglichem Können und Wissen, mit Freude und Ausdauer, jedoch die Früchte dieser Tat nicht in Anspruch zu nehmen: das ist der Weg des Karma-Yogis. Diese Früchte, den Gewinn aus unseren Handlungen, können wir dem Allerhöchsten widmen oder unseren Mitmenschen – wem auch immer. Dies ist ein hoher Grundsatz, der im täglichen Leben jedoch nicht so leicht umzusetzen ist.

Wie können wir unterscheiden, ob wir für unser Ego oder für Gott, den Nächsten, den Guru oder wen auch immer arbeiten?

Krishna sagt im dritten Kapitel: *»Für den Besinnlichen gibt es den Pfad der Erkenntnis, für den Tätigen den Weg der selbstlosen Tat. Niemand wird vollkommen dadurch, dass er der Arbeit entsagt. Niemand kann dem Tun entsagen, jeden zwingen dazu unausweichlich die Gunas. Deshalb musst du jede Tat vollziehen als eine Darbringung an Gott und frei sein von aller Bindung an die Ergebnisse.«*

Nehmen wir das Beispiel eines kleinen Apfelbäumchens, das wir pflanzen und pflegen, dass wir großziehen, düngen, schneiden und schützen – dieses Bäumchen wird nach Jahren guter Pflege Früchte tragen: schöne Äpfel in großer Zahl. Es fällt leicht, zu sagen: »Die Äpfel schenke ich Freunden und Nachbarn oder ich stelle sie in einem Korb auf den Gehweg mit einem Schild ›zu verschenken‹.«

Doch im täglichen Leben fällt diese Unterscheidung schwer. Wenn ich nach gelungener Arbeit Anerkennung und Lob bekomme, schmeichelt es meinem Ego. Wir haben im Yoga die Übung »Well done«: Man lässt den ausgestreckten Arm dreimal vor dem Brustkorb kreisen, klopft sich dann auf die Schulter und sagt zu sich selbst: »Well done! – ›Gut gemacht!‹«

Körper und Psyche scheinen diese Anerkennung zu brauchen – und wie viel mehr unser Ego? Dieser Falle können wir nur entgehen, wenn wir konsequent keine Früchte aus unserem Handeln erwarten, sie nicht in Anspruch nehmen und sie nicht einmal in unser Denken einbeziehen wollen. Ohne das Streben nach den Früchten bekommt unser Handeln die Qualität, uns nicht an etwas zu binden, weil wir nicht vom Resultat getrieben werden. Wir handeln um des Handelns willen, nicht nur wegen der zu erwartenden Früchte.

Eine Verweigerung den Lebensaufgaben gegenüber, also nicht zu handeln, bedeutet jedoch nicht, aus dem Kreislauf von Ursache und Wirkung herauszutreten. Verweigere ich ein aktives Eingreifen oder eine Handlung dort, wo sie gefordert wäre, schaffe ich sehr wohl weiteres Karma. Wird Karma-Yoga Teil unseres täglichen Lebens, begegnen wir allen Herausforderungen mit Ausgeglichenheit und einer gewissen Neutralität und wir schwimmen »in der Mitte des Flusses«.

Wir lassen uns treiben, tun »das, was zu tun ist«, und erfüllen auf diese Weise unser Dharma. Es ist bemerkenswert, dass in Indien die heiligen Schriften sagen, dass selbst die Götter den Gesetzen des Karmas unterliegen. Weil sie viel gutes Karma angehäuft haben, müssen sie es an einem Ort austragen, den wir als »Himmel« bezeichnen. Und so ist es nicht verwunderlich, dass es ein Gebet gibt, das sinngemäß lautet: »Oh Gott, lass mich nicht im Himmel wiedergeboren werden, um mein gutes Karma abzutragen; lass mich immer in der Gemeinschaft meiner Freunde und Mitmeditierenden geboren werden, im Beisein meines Gurus, auf dass mein alleiniges Lebensziel *Moksha* ist, die Befreiung vom Rad der Wiedergeburten!«

Unserem Karma können wir nicht ausweichen, wir können es auch nicht vermeiden. So wie Feuer Hitze produziert, Wolken den Regen hervorbringen, Wasser immer den Weg des geringsten Widerstandes sucht, ist unser Karma wie eine Blaupause unseres menschlichen Daseins. Die Gesetzmäßigkeiten des Karmas durchziehen das ganze Universum, sie durchdringen alles, ja, sind die Ursache von allem. Achtsamkeit, Unterscheidungsvermögen, Yoga und Meditation sind die Werkzeuge, die unsere Handlungen letztendlich befreien können von karmischen Reaktionen.

Patanjali schreibt: »Der Seher errichtet seinen Platz in seiner eigenen Natur.« Das heißt, Zeuge zu sein seiner selbst, sich nicht mehr mit den eigenen Gedanken, dem eigenen Tun zu identifizieren. Ohne Identifikation aber fehlt das Verhaftetsein, und ohne Verhaftetsein können die Resultate der Taten karmisch nicht binden, weil es kein Ego gibt, an das sie gebunden werden. Natürlich verbrennt sich der Erleuchtete weiterhin die Finger, wenn er auf eine heiße Herdplatte fasst. Er wird nass, wenn er im Regen steht, fällt er von einem Baum, kann er sich die Glieder brechen.

Als Zeuge seiner Taten aber schaut er auf die entstandenen Blasen mit dem gleichen Gleichmut wie auf Lob und Beifall, er erkennt seinen linken Arm als gebrochen, den rechten als heil. Der Zeuge ruht in sich selbst, ist unabhängig und distanziert vom dem Beobachteten. Das Hervorbringen des Beobachters in uns geht einher mit der Auflösung des Egos, beides kann nicht zusammen an einem Ort existieren. Unser Körper ist ein geeignetes Feld der Beobachtung. Wir haben unsere Sinne, die ein gutes Mittel der Erkundung sind. Sie können über uns herrschen oder uns dienen. Als Beobachter können wir den Körper täglich in den verschie-

densten Zuständen erleben: energetisch oder abgeschla-
gen und müde; vibrierend oder energielos, kraftvoll oder
kraftlos. Wir können lernen, diese Zustände anzuschauen,
ohne sie gleich zu bewerten oder uns mit ihnen zu identifizieren. Und wir können dabei jeden Tag lernen, achtsam
zu sein. Wir können lernen, »das, was zu tun ist«, zu tun,
und allem dabei eine Wertschätzung entgegenzubringen –
insbesondere gegenüber unserem Körper, der ein wunder-
bares Instrument ist, uns voranzubringen auf dem Weg der
Erkenntnis.

Wie Karma-Yoga im engeren und weiteren Sinne aussieht,
erzählen die Geschichten auf den folgenden Seiten.

Handeln ohne auf die Früchte zu achten

König Dhammaraja, der von seinem Volk aufgrund seiner Großzügigkeit sehr geliebt wurde, ging eines Tages in seinem Reich spazieren. Weit außerhalb seines Palastes sah er auf einem Hügel einen alten Mann in der Mittagssonne, der mit gekrümmtem Rücken hart arbeitete. Gefolgt von seinem Hofstaat trat der König näher und sah, dass der Alte kleine Stecklinge pflanzte, die kaum ein Jahr alt waren. »Was machst du da?«, fragte der König. – »Ich pflanze Nussbäume«, antwortete der Alte.

König Dhammaraja fragte verwundert weiter: »Du bist schon so alt. Wozu pflanzt du dann noch Stecklinge? Du weißt doch gar nicht, ob du das nächste Jahr noch erleben wirst oder ob du dich später einmal im Schatten der Bäume ausruhen können wirst. Auch ihre Früchte wirst du wohl kaum noch essen können!«
Der Alte richtete sich auf, schaute dem König in die Augen und sprach mit großem Ernst: »Die vor uns kamen, haben gepflanzt, und wir konnten ernten. Wir pflanzen nun, damit die, die nach uns kommen, auch ernten können.« Als er den Satz beendet hatte, drehte er sich um, nahm einen weiteren Steckling und pflanzte ihn ein.

Der Knochenjob

»Der göttliche Plan zur menschlichen Entwicklung ist Arbeit. Liebe zu Gott und Dienst für den Menschen ist das Geheimnis wahren Lebens. Leben ist zum Dienen bestimmt, nicht zur Selbstsucht. Bringe Opfer! Erfülle deine Pflichten ordentlich, mit Aufrichtigkeit.«

Diese Worte sagte Swami Sivananda einst zu einem seiner Schüler. Der Ausspruch kam mir oft in den Sinn, wenn ich auf Knien versuchte, mit einer alten, ausgefransten Bürste Schmier und Ruß unserer Ashramküche wegzuschrubben. Jeden Donnerstag war Reinigungstag, und jeden Donnerstag nach dem Frühstück fand ich mich auf der Arbeitsliste in der Rubrik »Küche« wieder. Weil viel mit Holzkohle gekocht wurde, waren dort Schmier und Ruß allgegenwärtig: auf dem Fußboden, auf den Regalen, auf den Gefäßen mit Gewürzen, auf den Fenstersimsen, auf den Deckenbalken. Nur mit viel warmem Wasser, Spülmittel und energischem Schrubben war der schmierige Film zu entfernen.

Ich schien eine besondere Qualifikation für diese Arbeit mitzubringen, weil ausschließlich mein Name für diese Arbeit jeden Donnerstag auf der Liste stand. Vor dem Reinigen musste die ganze Küche leer geräumt werden. Dann kniete ich im Wasser auf dem Boden und schrubbte mit Hingabe. Manchmal half mir der Koch und holte freundlicherweise Eimer mit warmem Wasser und goss es auf den Küchenboden, während ich auf den Knien rutschend versuchte, dem Wasserschwall auszuweichen. Oft war ich nach getaner Arbeit nicht nur verrußt und verschmiert, sondern auch durch und durch nass.

Blickte ich während meiner Arbeit aus dem Küchenfenster in Richtung der Meditationshalle, sah ich die in Saris gewandeten jungen Damen, die mit einem Wischmopp in der Hand die Halle fegten. Der Mopp in den Händen der jungen Damen in ihren wunderschönen Saris kam mir dann wie ein Alibi vor, weil die Halle ohnehin jeden Nachmittag für die abendliche Meditation hergerichtet wurde und daher nie verschmutzt war.

Anders die Ashramküche: Hier galt es, Dreck, Ruß und Schmiere der vergangenen Woche zu beseitigen. Das Einräumen der Küchenutensilien übernahm meist der Koch mit einigen Helfern. Für mich blieb nach dem Putzen gerade noch genug Zeit, um mich zu duschen, umzuziehen und einen Nachmittagstee zu trinken.

Für den Küchenplan war Renate verantwortlich, mit der ich mich eigentlich ganz gut verstand. Ich war mir sicher, dass sie meine ständige Einteilung für die Küchenreinigung nicht aus Bosheit mir gegenüber vornahm. Ich wollte meinen Dienst an der Gemeinschaft aber nicht einfach aufgeben und um eine leichtere Arbeit bitten. Mir war mein Erlebnis von vor einigen Jahren in Poona noch gut im Gedächtnis. Nach zwei Jahren Gruppenerfahrungen wurde mir bedeutet, dass es damit genug sei und nun eine Arbeit im Ashram angesagt war: Ich bekam die Stelle eines Straßenkehrers. Liebend gern, bereit für den Dienst an der Gemeinschaft, nahm ich einen Besen in die Hand, um die Straße zu fegen. Ich fand sogar schnell heraus, wie ich einen Besen halten kann, ohne Blasen an den Händen zu bekommen, mit welchem Schwung von links nach rechts oder rechts nach links zu kehren sei. Und ich hatte eine sinnvolle Strategie entwickelt, wo ich die zusammengefegten Laubhaufen hinsetzen konnte, ohne dass sie von den zahlreichen Ashrambesuchern zertrampelt würden. Die meisten Leute, die vorbeigingen, kannte ich nicht. Doch eines Tages kam Purnima des Weges, mit der ich zuvor einige Gruppen gemeinsam besucht hatte. Wir trafen uns noch einige Male nach getaner Arbeit, und ich ertappte mich tagsüber beim Fegen immer öfter dabei, dass ich den vielen Pärchen, die eng umschlungen in die Cafeteria gingen, neidisch hinterherblickte. Immer öfter stellte ich mir die Frage, weshalb ich diese Laubfegerei auf mich nahm. Ich weiß nicht mehr, wie viele Wochen diese innere Auseinandersetzung dauerte, aber eines Tages ging ich in das Ashrambüro, um meinen Entschluss mitzuteilen, dass ich mit dem Fegen der Straße aufhören werde. Ich erwartete einen erstaunten, wenn nicht gar mitleidigen Blick oder irgendeine Bemerkung, doch nichts dergleichen geschah. Die Frau hinter dem Schreibtisch strich meinen Namen aus einer Liste, schaute dabei kaum hoch und murmelte nur »in Ordnung«.

An diese Episode musste ich später oft denken, wenn ich Antworten auf die Frage suchte, wie selbstloses Dienen und das Ego zueinander stehen. Sivananda sagte zu einem seiner Schüler: »Selbstloses Dienen reinigt. Durch Dienen wird das Herz gereinigt. Egoismus, Hass, Eifersucht und Überheblichkeit verschwinden. Demut, reine Liebe, Sympathie, Toleranz und Barmherzigkeit entwickeln sich. Die Vorstellung des Getrenntseins verschwindet. Selbstsucht wird beseitigt!«

Jahre später, als ich wieder in Deutschland lebte, wurde mir klar, dass selbstloses Tun und Dienen auch eine Angelegenheit des Herzens ist. Mit Freunden hatten wir einen gemeinnützigen Verein gegründet und eine Schule in den Bergen des Himalaya in Zanskar gebaut. Die Verantwortung für einige Hunderte Kinder, für den Schulbetrieb, für die ganz Kleinen, die acht Monate im Jahr von ihren Eltern getrennt im Hostel lebten, wog schwer. Wir machten uns viele Gedanken, wie wir das Leben der Kinder und Lehrer erträglicher und leichter gestalten könnten. Auf Pferderücken schafften wir Solaranlagen über die hohen Pässe in diese entlegene Region, einen Fernseher, ein Kopiergerät und einen Computer, Bücher, Radiergummis, Papier zum Schreiben, Schuluniformen und Schuhe für die Kinder. Selten wurden Aufwand und Mühen abgewogen, immer stand im Vordergrund, den Kindern und Lehrern ein gutes, schönes, sinnvolles und erfüllendes Leben in dieser Einöde zu ermöglichen. Vieles von unserem Tun war am Anfang auch unvernünftig – einiges würden wir bestimmt nicht noch einmal machen. Es hat viele Jahre gedauert, zu erkennen, dass »selbstloses Dienen« und »Dienst am Menschen« mehr Früchte tragen, wenn Herz und Verstand zu einer Einheit verschmelzen – wenn Wissen und Können Hand in Hand gehen mit den Impulsen des Herzens.

Die Brücke

Durch ein kleines Dorf im Norden Indiens in den Vorbergen des Himalaya floss ein Fluss, über den eine Brücke führte. Fast das ganze Jahr über war dieser kleine Fluss nahezu ausgetrocknet, und man konnte mühelos über ihn hinwegsteigen. Doch nach der Schneeschmelze im Frühling oder nach langen Regentagen während der Monsunzeit füllte sich das Flussbett mit Wasser, und dann war die Brücke die einzige Verbindung zwischen den beiden Ufern, die einzige Möglichkeit, um Freunden auf der anderen Seite einen Besuch abzustatten. So teilte der Fluss das Dorf und somit seine Bewohner in zwei Gruppen.

Auch hatte man von der Brücke aus einen wunderbaren Blick auf das Tal. Viele Bewohner trafen sich auf ihr, um sich zu unterhalten, sie war ein beliebter Treffpunkt für Verliebte, und fahrende Händler verkauften gerne ihre Waren auf ihr. Zudem war sie ein Zeichen.

Eine alte Legende erzählt, dass es lange vor den vielen Häusern, den fahrenden Händlern und den Verliebten auf der Brücke am Fluss nur zwei Bauernhöfe gab. Der eine lag auf der einen, und der andere auf der anderen Seite des Flusses. Die Besitzer der Höfe waren sehr arm. Die Arbeit war hart und erbrachte keine großen Erträge. Das Land war so karg, dass die Familien von der Ernte gerade so satt werden konnten. Aber Geld für neue, praktische Geräte, die ihnen die Arbeit erleichtert und somit Gelegenheit zu etwas Wohlstand geboten hätten, blieb nicht übrig.

Die beiden Bauern dachten oft daran, eine Brücke über den Fluss zu bauen, aber da sie nicht einmal Geld für neue Geräte hatten, wie hätten sie dann den Bau einer Brücke bezahlen sollen?

Eines Tages brach Krieg aus, und die Männer wurden einberufen, um dem König zu dienen. Ihre Frauen und Kinder blieben allein auf den beiden Höfen zurück. Und zum Übel des Kriegs kam auch noch eine gewaltige Trockenheit über das Land. Die bisher schon dürftige Ernte fiel noch geringer aus, die Saat ging kaum auf, und das Vieh hatte kaum noch Fleisch auf den Knochen. Der Fluss trocknete völlig aus, und so hatten die beiden Bauersfrauen kein Problem, jeweils auf die andere Seite zu gelangen. Da sie beide in dieser Trockenzeit arg in Not waren, beschlossen sie, sich gegenseitig zu helfen. Wenn die Bäuerin auf der rechten Seite die Aussaat nicht mehr schaffte, half ihr die Bäuerin auf der linken Seite aus, und wenn die Kuh der linken Bäuerin kalben sollte, dann wechselten sich die beiden Frauen bei der Nachtwache ab. Trotz der Trockenheit ging es den beiden Familien besser als zuvor.

Am Ende des Jahres kamen die Männer aus dem Krieg zurück. Als sie die Geschichten ihrer Frauen hörten, waren sie tief berührt und gleichzeitig auch beschämt, weil sie selbst nicht auf die Idee gekommen waren, sich gegenseitig zu helfen. Als der Regen während der Monsunzeit im nächsten Jahr kam und der Fluss sich mit Wasser füllte, beschlossen die beiden Bauern, eine Brücke über den Fluss zu bauen. Sie hatten dafür kaum Geld und noch weniger

Zeit. Aber die Erfahrungen, die ihre Frauen während ihrer Abwesenheit gemacht hatten, lehrten sie, dass es manchmal sinnvoll ist, das Letzte, das man hat, in eine Brücke zueinander zu investieren. Menschen, die füreinander da sind, besitzen einen größeren Reichtum als das, was alles Materielle dieser Welt bieten kann.

Auf dem Markt

In Kalkutta träumte vor vielen, vielen Jahren eines Nachts eine junge Frau einen außergewöhnlichen Traum: Sie schlenderte über einen großen Basar, auf dem geschäftiges Treiben herrschte. Die Händler priesen alle möglichen Produkte an: Orientteppiche, Kamele, Obst und Gemüse und wunderschönen Schmuck. Sie ging durch eine enge Gasse, die links und rechts von geschmückten Ständen gesäumt wurde. Frauen in wunderschönen, mit auffälligen Farben verzierten Saris und Männer in schlichten Kurtas drängten sich an ihr vorbei.

Auf einmal erblickte sie einen Stand, der sich von den anderen Ständen unterschied. Weder Schmuck noch ein Hinweis darauf, was man an diesem Stand hätte erwerben können, waren zu sehen. Interessiert näherte sie sich dem Stand und bemerkte plötzlich, dass sie anscheinend die Einzige war, die sich für den Stand interessierte. Hinter dem Stand erblickte sie einen Mann und sie erkannte, dass es Gott war.

Neugierig fragte sie: »Was verkaufst du hier?« – Gott antwortete ihr: »Alles, was das Herz begehrt.« – Die Frau war zunächst verblüfft, doch dann beschloss sie, diese Gelegenheit zu nutzen und das Beste zu verlangen, was sich ein Mensch nur wünschen kann: »Ich möchte Frieden für meine Seele und Liebe und Glück. Und weise möchte ich sein und nie mehr Angst haben«, sagte die Frau zu Gott. »Und das nicht nur für mich allein, sondern für alle Menschen.« – Gott lächelte: »Ich glaube, du hast mich missverstanden. Ich verkaufe hier keine Früchte, sondern nur die Samen.«

Der Karma-Yogi Bhagiratha

Einst vollzog König Sagar in Indien das bekannte Pferde-opfer Aswamedha neunundneunzig Mal. Indra, der König der Götter, wurde dadurch von Neid erfüllt, und vor einem weiteren Opfergang stahl er das Pferd, das geopfert wer-den sollte, und versteckte es heimlich beim Seher Kapila. Die 60 000 Söhne des Königs machten sich auf die Suche und fanden schließlich das Pferd angebunden an der Hüt-te des Sehers. Als sie Kapila des Diebstahls beschuldigten und bedrängten, ließ dieser sie zu Asche zerfallen.

Nach Jahren kam ein Enkel des Königs Sagar zu Kapila und bat ihn, die 60 000 Prinzen wieder zum Leben zu er-wecken. Aber Kapila entgegnete, dass nur der Ganges, der heilige Fluss, der die Milchstraße durchfließe, die Kraft habe, die 60 000 Prinzen wieder zum Leben zu erwecken, indem man deren Asche mit seinen Wassern benetze.

Aus der großen Verwandtschaft des Königs Sagar war nur Prinz Bhagiratha bereit, das Leben eines Yogis mit lang-wierigen Bußübungen auf sich zu nehmen, um auf diese Weise von Gott Shiva einen Wunsch erfüllt zu bekommen. Zwölf Jahre verbrachte er in Meditation, dann erschien ihm die Gottheit im Traum und gewährte den lang ersehn-ten Wunsch. Bhagiratha zögerte nicht lange und antwor-tete: »Ich möchte meine Verwandten durch die Wasser des Ganges wieder zum Leben erwecken.« Shiva bat daraufhin in der Milchstraße die Göttin Ganga, zum Wohle der Menschen zur Erde hinabzusteigen, und Ganga stimmte zu.

Sie hatte jedoch einen Hintergedanken: Sie wollte mit der Erde wie mit einem Ball spielen und sich deshalb mit voller Kraft auf sie hinabstürzen. Shiva jedoch durchschaute ihren Plan und öffnete sein langes Haupthaar, das zu einem Knoten gebunden war, und ließ Ganga durch sein Haar fließen, sodass sie in kreisförmigen Bewegungen und Windungen zur Erde fiel und ihre Energie, die sonst zu kraftvoll gewesen wäre, gebremst wurde. Als Ganges, wie der Fluss später genannt wurde, fließt er seitdem ohne Schaden anzurichten durch das Himalaya-Gebirge bis hinunter in die indische Tiefenebene, bewässert das umliegende Land und nährt viele Millionen Menschen.

Die Tempel von Maheshvar

Viele Ashrams und Einsiedeleien finden sich an den Ufern des Narmada, dessen Quelle in den Wäldern bei Amarkanth liegt. 1400 Kilometer fließt er westwärts, um im Bundesstaat Gujarat in das Arabische Meer zu münden. Die Ashrams an seinen Ufern sind bekannte Orte. Sie haben wohlklingende Namen wie Nareshvar, Garudeshvar, Omkareshvar und geben Zeugnis ab von den Yogis, Sadhus und den vielen Lehrern und Meistern, die an seinen Ufern gelebt und gewirkt haben.

Auf unserer Pilgerreise »Zu den Ufern des Narmada« besuchten wir auch die alte Tempelstadt Maheshvar im indischen Bundesstaat Madhya Pradesh. Wir waren bereits einige Tage in verschieden Ashrams entlang des Flusses gewesen und kamen nach einer morgendlichen Wanderung entlang den Ufern des träge dahinfließenden Flusses in Maheshvar an. Auch in der alten Tempelstadt Maheshvar war der Glanz der vergangenen Epochen noch zu spüren.

Als wir im kleinen ländlichen Palast der ehemaligen Maharani Ahilya Bai der Holkar-Dynastie eintrafen und unsere Zimmer beziehen wollten, sagte man uns, dass eine Regierungskommission seit Tagen alles belegt habe und wir warten müssten. So schlenderten wir durch die alten, verlassenen Anlagen und stiegen schließlich in Boote, die uns über den Fluss auf die andere Seite brachten, wo die Silhouetten der gegenüberliegenden Tempelspitzen sich gegen die schon tiefer stehende Sonne abzeichneten. Es herrschte eine ruhige Stimmung. Nach einer Tasse Tee in einem kleinen Restaurant am Fluss stiegen wir wieder in die Boote, die uns zurück ans andere Ufer brachten.

Im Büro, wo unser Gepäck aufbewahrt war, gab es eine große Überraschung für uns: Der Manager teilte uns mit, dass die Leute der Regierung ihre Abreise um einen Tag verschoben hätten und wir trotz Reservierung keine Zimmer bekommen könnten. Argumente fruchteten nichts und so beschlossen wir, im Dorf nach einer Unterkunft zu suchen. Aber es war nichts zu finden: kein Hotel, keine Pilgerherberge, nichts. Es war später Nachmittag und ich war in Sorge um unsere große Reisegruppe. Eine paar Kinder, die aus Neugier mit uns gegangen waren, führten uns schließlich zu einem alten Kuhstall, der nicht mehr benutzt wurde. Es roch nach Dung, und der Boden war lange nicht gesäubert worden. Ich teilte der Gruppe meinen Gedanken mit, dass, wenn wir alle kräftig anpacken und wir den Stall so weit wie nötig säubern und herrichten würden, wir darin eine geruhsame Nacht verbringen könnten – sicherlich in einer außergewöhnlichen Umgebung.
Viel gab es auch nicht zu diskutieren, denn es gab keine Alternative. Wir besorgten Besen und Wassereimer, und nach einer guten halben Stunde war der Boden gereinigt, und wir breiteten unsere Schlafmatten aus. Wir waren stolz auf unsere Aktion; und nach einem guten Abendessen legten wir uns im Stall wie die Heringe eng nebeneinander zum Schlafen nieder.

Als wir am nächsten Morgen durch den Klang der Tempelglocken geweckt vor die Tür traten und einen Blick auf alte Tempel und die glitzernde Oberfläche des Narmada warfen, wurde uns bewusst, in welch einem »königlichen Palast« wir letzte Nacht geschlafen hatten. Wir waren froh, am letzten Abend angepackt und uns mit Willensanstrengung und mit Schaffenskraft einen Schlafplatz besorgt zu haben. Es war ein gutes Gefühl, in einer schwierigen Situation nicht lange geredet oder gar gestritten zu haben, sondern tatkräftig den verlassenen Kuhstall zu einem komfortablen Lager umfunktioniert zu haben. Wir waren dankbar für die Unterkunft, dankbar für den Schlaf, den wir im Stall genießen konnten, und dankbar für die erste Tasse Tee vor unserer weiteren Wanderung entlang den Ufern des heiligen Flusses Narmada.

Der Löwe und die Maus

In einem der großen Nationalparks Südindiens lebte einst ein stolzer Löwe. Eines Tages lag er im Schatten eines Felsens und hielt mit vollem Bauch einen Mittagschlaf. Eine kleine Maus, die auf dem Felsen spielte, der dem Löwen Schatten spendete, fiel über den Rand und stürzte hinab auf das Haupt des schlafenden Löwen. Der Löwe wurde davon wach und packte die flüchtende Maus mit seiner großen Tatze.

Die Maus schaute den Löwen todesmutig an und sprach mit fester Stimme: »Verschone mich, oh König der Tiere! Wenn du mich auffrisst, so wirst du nicht satt davon. Lässt du mich aber leben, so kann ich dir vielleicht auch einmal aus großer Not helfen.«

Der Löwe hingegen lachte und sagte: »Wem in aller Welt wirst du schon helfen können? Aber in einem hast du recht: Satt werde ich von dir bestimmt nicht. Also lasse ich dich laufen, damit du weiterspielen kannst.«

Einige Tage später geriet der Löwe in die Fangnetze eines Jägers. Als er merkte, dass ihm all seine Kräfte nichts nützten, um aus der Falle zu entkommen, brüllte er so laut um Hilfe, dass auch die Maus es hörte, die sich zufälligerweise ganz in seiner Nähe aufhielt. Eilig rannte sie zu ihm, und als sie den Löwen sah, gefangen in den Netzen des Jägers, da rief sie: »Erkennst du mich wieder? Ich bin die kleine Maus, der du das Leben geschenkt hast.«

Und schon begann sie mit ihren spitzen kleinen Zähnchen, die Stricke des Fangnetzes zu zernagen. Als die ersten Stricke entzweit waren, gelang es dem Löwen, mit seinen starken Pranken ein so großes Loch ins Netz zu reißen, dass er sich befreien konnte. Der Löwe streichelte der Maus zärtlich über den Kopf und bedankte sich bei ihr. Und die kleine Maus war stolz, dem König der Tiere das Leben gerettet zu haben.

Der alte Sadhu und der Skorpion

Eines Morgens sah ein alter Sadhu, nachdem er seine Meditation beendet hatte, in dem Fluss vor seinem Schlafplatz einen Skorpion, der um sein Überleben kämpfte. Als der Skorpion in die Nähe eines Baumes kam, lief der alte Sadhu an das Ufer und legte sich auf eine Wurzel eines Baums, die in das Wasser ragte, um den ertrinkenden Skorpion zu retten. Aber als er ihn berührte, stach ihn der Skorpion, und der alte Sadhu zog schnell seine Hand zurück. Kurz darauf, als er seine Balance wiedergefunden hatte, beugte sich der Sadhu noch weiter vor, um den Skorpion zu retten. Dieses Mal stach ihn der Skorpion so heftig, dass seine Hand dick anschwoll und rot wurde und er das Gesicht vor Schmerz verzog.

In diesem Moment sah ein Passant den alten Sadhu, wie er ausgestreckt auf der Baumwurzel lag und mit dem Skorpion rang, und rief ihm an: »He, alter Sadhu! Wie kann man nur so blöd sein! Nur ein Dummkopf riskiert sein Leben für eine so hässliche und bösartige Kreatur! Dieser undankbare Skorpion könnte dich töten!« – Der alte Sadhu sah zu dem Passanten auf und sprach: »Mein lieber Freund, nur weil es in der Natur des Skorpions liegt, zu stechen, ändert das nichts an meiner Natur, zu helfen!«

Buthnath Baba

Auf der Kumbha Mela in Allahabad lebte ich im Camp von Pilot Baba. Täglich besuchten wir andere Babas, Yogis, Sadhus und Bekannte. Und so kamen wir eines Tages auch in das Camp von Buthnath Baba. Buthnath Baba machte seinem Namen, Herr über die Geister zu sein, alle Ehre. Er hatte lange, filzige Haare und sein nackter Oberkörper war mit Asche beschmiert. Ich war mir nicht sicher, ob er so die Geister und Dämonen anzog oder sie von sich fernhielt. Irgendwann trat Buthnath in die Mitte des Lagers, streckte die Arme vor, machte eine Faust und bewegte die rechte Hand in einem Kreis, ehe er sie öffnete. In der Mitte der Handfläche lag ein Haufen Rosinen. Buthnath Baba ging herum, um alle Anwesenden davon kosten zu lassen. Ich trat einige Schritte zurück – irgendwie war mir das Ganze nicht geheuer. Auf dem Rückweg sagte ein Inder aus Pilot Babas Gruppe: »Das mag verstehen, wer will: Rosinen sind doch überhaupt nicht teuer; wie viel Zeit, Mühe und Meditation muss Buthnath Baba wohl aufgewandt haben, um diesen Trick zu erlernen?«

Bhakti-Yoga

Bhakti-Yoga ist neben dem Jnana- und dem Karma-Yoga einer der drei großen Yoga-Wege. *Bhakti* ist wörtlich mit »Liebe« zu übersetzen. Dieser Weg ist eng mit dem tiefen Verlangen des Praktizierenden verbunden, wieder Teil der göttlichen Einheit zu werden. Der Bhakti-Yogi (oder die Yogini) ist zutiefst durchdrungen von dem Gedanken, die als schmerzhaft empfundene Trennung vom Göttlichen aufzuheben. Das Gefühl steht dabei im Vordergrund; die gefühlte Trennung vom personifizierten Göttlichen zu überwinden ist Ziel und Zweck der Verehrung. Je spürbarer die Zerrissenheit und Trennung, je größer das Leiden, desto glühender die Hingabe an das Göttliche und die Liebe.

Im Gegensatz zum Jnana-Yoga wird auf dem Weg des Bhakti-Yoga das Göttliche nicht in seiner abstrakten, formlosen Form (*nirguna*), sondern meist als greifbare, sichtbar dargestellte Gottheit mit Eigenschaften (*saguna*) verehrt. Auch nach Jahrhunderten noch wird Mirabai, eine nordindische Prinzessin, als eine der glühendsten Verehrerinnen des Gottes Krishna angesehen; ihre überlieferten Gedichte und Gesänge sind herausragendes Beispiel für den Weg des Bhakti-Yoga.

Shri Ramakrishna hingegen gilt als neuzeitlicher Mystiker; er war ein überzeugter Verehrer der »Göttlichen Mutter«, der er sich in einem Zustand der Ekstase tief verbunden fühlte. Dieses Sehnen und Streben nach Vereinigung mit dem Göttlichen erweckt die höchsten Gefühle der Liebe,

die oftmals weit über die uns bekannte zwischenmensch-
lich praktizierte Liebe hinausreicht.

Auf den verschiedenen Yoga-Wegen wird Bhakti-Yoga oft
als der vollständigste und vollkommenste Weg angesehen,
da Jnana- und Karma-Yoga ohne diesen Aspekt der Liebe
nicht bestehen können, ja herzlos erscheinen. Diese Essenz des Bhakti-Yoga ist also auf allen spirituellen Wegen
notwendig und eine Grundvoraussetzung für spirituelles
Weiterkommen und Wachstum. Liebe ist das Element, das
in einer Welt der materiellen Erscheinungsformen dem Leben Sinnhaftigkeit und Tiefe verleiht.

Die Verehrung des Göttlichen kann hierbei viele Formen annehmen: Japa, die Wiederholung des göttlichen Namens,
das Singen religiöser Lieder in Form von Bhajans und
Stotrams, die klassische Form des Kirtans mit Wechsel-
gesängen und der Übermittlung einer Botschaft oder der
Durchführung religiöser Zeremonien mit abschließendem
Aarti (Schwenken von entzündeten Butterlampen unter Gesängen zu Ehren der Gottheit). Immer wird die angebetete
Gottheit im Mittelpunkt und Zentrum allen Tuns, Denkens
und Handelns stehen.

Wie die anderen Yoga-Wege, so kann sich auch Bhakti-
Yoga auf eine ganz eigene Art und Weise zeigen. Da die
tief empfundene Liebe des Individuums immer prägend ist,
steht das jeweils persönliche Verhältnis zum Göttlichen im
Vordergrund jeder Beziehung. Die folgenden Geschichten
vermitteln einen Eindruck davon.

Gampopa und der Zahn

Gampopa war ein tibetischer Mönch der Kagyüpa-Linie. Er lebte mit seiner Mutter im südlichen Tibet, nahe der Grenze zu Nepal. Eines Tages beschloss er, die Klosteruniversität Nalanda im indischen Staat Bihar in Nordindien aufsuchen, um dort seine Studien fortzusetzen. Nalanda war zur damaligen Zeit die größte und bedeutendste buddhistische Universität. Auch wollte er eine Pilgerreise zu den Städten Patna und Rajgir unternehmen, die nicht weit entfernt lagen. Rajgir war als Wallfahrtsort bekannt, da der Buddha dort immer die Regenzeit verbracht und auf dem Geierhügel gelehrt hatte.

Bevor er aufbrach, trug ihm seine Mutter eine Bitte auf: »Du weißt, dass ich schon alt bin und dass ich alles für dich getan habe. Nun möchte ich dich bitten, mir meinen allergrößten Wunsch zu erfüllen. Wenn du schon nach Indien gehst und dort die historischen Stätten des Buddha aufsuchst, dann bringe mir doch eine Reliquie von ihm mit. Dann hat sich mein Leben vollends erfüllt.« Gampopa gab seiner Mutter sein Versprechen und machte sich auf die Reise nach Nordindien.

Er studierte intensiv mehrere Jahre, und als sein Studium beendet war, begab er sich auf die lange Rückreise nach Tibet. Wenige Tage, bevor er sein Elternhaus erreichte, fiel ihm sein Versprechen gegenüber seiner Mutter ein. All die

Jahre hatte er es vollkommen vergessen – jetzt war er in Not. Wo sollte er fernab von den Plätzen, an denen Buddha gelebt und gewirkt hatte, eine Reliquie herbekommen? Zutiefst betrübt und in Gedanken versunken fiel ihm das Skelett eines Hundes auf, das am Wegesrand lag. Im Schädel befanden sich auch noch einige Zähne. Da kam ihm die Idee, einen Zahn herauszubrechen, diesen in ein Tuch einzuwickeln, ihn seiner Mutter mitzubringen und ihn ihr gegenüber als einen Zahn Buddhas auszugeben.

Als Gampopa ihr den Zahn überreichte, weinte die Mutter vor Freude. Sie hatte nicht mehr damit gerechnet, ein so kostbares Relikt zu bekommen. Sie nahm den Zahn und gab ihm einen ganz besonderen Platz auf ihrem Hausaltar. Täglich zündete sie Butterlampen an und betete viele Stunden zu diesem Zahn. Je größer die Verehrung seiner Mutter für den Zahn wurde, desto größer wurde das schlechte Gewissen von Gampopa, denn es nagte an ihm, seine Mutter belogen zu haben. Zu der Lüge kam die Verfehlung als Mönch, den Namen des Buddha missbraucht zu haben. Nach Monaten der Verehrung und der tiefen Liebe durch die Mutter fing der Zahn plötzlich zu leuchten an, und schließlich strahlte er ein helles, reines Licht aus. In diesem Moment erkannte Gampopa, dass es Liebe, Glaube und Hingabe sind, die Unmögliches ermöglichen und auch aus dem Zahn eines toten Hundes eine Buddha-Reliquie machen können.

Vier Blumen

In einem kleinen Dorf namens Nagalapuram im Süden Indiens gab es einst ein Kinderdorf, das 24 Kinder ihr Zuhause nannten. Im Frühling legten die Kinder gemeinsam mit den Betreuern ein Beet im Garten an. Die Samen von vier verschiedenen Blumensorten pflanzten sie dort ein. Jeden Abend vor dem Schlafengehen dankten die Kinder Gott, dass es jemanden gab, der sich um sie kümmerte, und sie beteten für alle Waisenkinder auf dieser Welt, dass auch ihnen jemand helfen werde.

Die Blumen des Gartens waren keine gewöhnlichen Blumen. Nachts, wenn alle Kinder und Betreuer schliefen und es ganz still war, hörte man die Blumen miteinander reden.

Die erste Blume, eine blaue Glockenblume, seufzte leise: »Mein Name ist Friede. Mein Samen soll Sicherheit verbreiten, doch durch all die Kriege hat er keine Möglichkeit zu wachsen.« Der Kopf der Glockenblume senkte sich immer mehr, bis sie schwach am Boden lag.

Die zweite Blume war eine hochgewachsene lila Tulpe, die traurig sagte: »Ich heiße Glaube, doch die Menschen glauben an nichts mehr und ich fühle mich überflüssig.« Ein Blatt nach dem anderen neigte sich dem Boden zu, bis schließlich die ganze Blume schwach am Boden lag.

Die dritte Blume strahlte in roter Farbe. Es war eine Rose, und leise sagte sie: »Man nennt mich Liebe, doch ich habe keine Kraft mehr, denn alle Menschen auf dieser Welt werden vom Egoismus beherrscht. Ihnen ist nur ihr eigenes Schicksal und Wohlergehen wichtig, und sie kümmern sich nicht um ihre Mitmenschen.« Nun ließ auch die Rose schwach ihren Kopf auf den Boden fallen.

Plötzlich kam ein Kind, das nicht schlafen konnte, aus dem Haus und sah die drei verwelkten Blumen. »Was habt ihr Blumen denn?«, fragte es, »warum lasst ihr denn den Kopf so hängen?«

Da sagte plötzlich eine vierte Blume, eine wunderschöne, gelb strahlende Sonnenblume: »Habe keine Angst. Solange ich blühe, kann ich den anderen Blumen genug gespeicherte Sonne schenken, denn mein Name ist Vertrauen. Du musst ihnen nur Wasser geben.«

Da holte das Kind eine Kanne mit Wasser und beträufelte die Blumen vorsichtig, und die Sonnenblume gab ihnen durch ihre Sonnenstrahlen Kraft und Energie. So wurden Friede, Glaube und Liebe wieder zum Leben erweckt.

Mataji und Guruji

Auf der Indienreise »Zu den Ufern des Narmada« begleiteten unsere Reisegruppe Mataji und ihr Mann Guruji.

Guruji hatte ich in Bombay über einen Freund kennengelernt. Damals war er noch Professor an der Universität Bhartiya Vidhya Bhavan. Jetzt befand er sich im Ruhestand. Guruji war ein begnadeter Redner und hatte in seinem Leben ein außergewöhnliches Wissen über indische Religionen, Sanskrit und die heiligen Schriften erworben und auch mehrere Gastprofessuren in Deutschland innegehabt; auch besaß er ein großes Talent, seine Zuhörer in seinen Bann zu ziehen. Hinzu kam sein Äußeres: klein und untersetzt, mit langem, weißem Haar, das er meist zu einem Knoten gebunden trug; sein bis auf die Brust reichender weißer Bart, der das gesamte Gesicht umrahmte, vermittelte das typische Bild eines Professors.
Es waren immer besondere Momente auf unserer Pilgerreise, wenn Guruji über die *Veden*, die *Bhagavadgita* oder über die verschiedenen Ashrams mit ihren Heiligen sprach. Als jemand aus der Gruppe die Frage nach den von Eltern arrangierten Ehen und Hochzeiten in Indien stellte und wohl glaubte, hiermit Guruji auf unsicheres Terrain zu bringen, sah er sich getäuscht. Guruji brachte viele – seiner Meinung nach überzeugende – Argumente vor. Sein Hauptargument war, dass auch arrangierte Ehen ja nicht willkürlich zusammengewürfelt würden, sondern

ihnen ein langes Sondieren und Abwägen vorausgehe, die Horoskope sich ergänzen müssten und auch die Psyche und Eigenheiten der beiden zu Vermählenden Berücksichtigung finde.

Sehr schweigsam wurden wir, als Guruji ausführte: »Wir versuchen in einer Beziehung oder in einer Ehe in die Tiefe zu gehen. Es ist die einmalige Gelegenheit, sich selbst durch den anderen als Spiegel zu erkennen und zu verstehen. Es ist eine göttliche Beziehung: Meine Frau verehre ich als die Göttin, und sie verehrt den Gott in mir. Es ist ein lebenslanger Prozess, nie endend, jeden Tag aufs Neue wunderbar. Wenn jedoch ihr im Westen euch selbst im anderen erkennt, er euch also den Spiegel vorhält, dann erschreckt ihr – und ihr lauft davon, weil euch das Gesehene nicht gefällt, und ihr seid enttäuscht, weil es nicht euren Erwartungen entspricht.

Aber es ist nicht der Spiegel, der euch enttäuscht, denn was ihr seht, ist euer eigens Abbild. Es sind eure Verblendungen, Überheblichkeiten, Selbsttäuschungen, die ihr in dem anderen widergespiegelt seht. Ihr sucht dann einen anderen Spiegel, der euch ein besseres Bild von euch selbst wiedergeben soll. Aber wie kann das geschehen? Wie kann ein Spiegel etwas anderes zeigen als das, was sich vor ihm befindet?«

In Momenten wie diesen waren wir sehr oft einfach nur noch nachdenklich über das Gesagte. Mataji verhielt sich meist still, wenn Guruji sprach – mit einem Lächeln auf ihrem Gesicht, was Zustimmung ausdrückte. Manchmal jedoch unterbrach sie seinen Redefluss, fiel ihm direkt ins Wort oder korrigierte ihn sogar, allerdings nie auf brüskierende oder abwertende Weise.

Wenn wir an manchem Nachmittag mit unseren Segelbooten am Ufer des Narmada anlegten, um in einem Ashram um Quartier zu fragen, trug Mataji immer ein kleines in ein Tuch aus alter Seide eingeschlagenes Kästchen mit sich. Weil ich schon oft in Bombay in der Wohnung der beiden gewesen war und ein vertrautes Verhältnis zu beiden hatte, fragte ich sie direkt, was in dem Kästchen sei. »Meine zwei Kleinen«, lachte sie spitzbübisch und öffnete das Kästchen. Neben einigen Rosenblüten lagen, nochmals in kleine Seidentüchlein eingewickelt, zwei schwarze Steine in dem Kästchen. Sie waren etwas kleiner als Hühnereier und hatten sogar deren Form.

Ich hatte diese Steine schon in der Küche in Bombay auf dem Hausaltar gesehen und war überrascht, dass Mataji sie auch auf Reisen mitnahm. »Sie sind meine Kinder«, sagte sie, »wie kann ich sie allein zu Hause lassen, wenn ich mit euch auf Pilgerreise gehe?« – »Aber wieso sind sie deine Kinder?«, erwiderte ich. Ich wusste, dass sie und Guruji einen erwachsenen Sohn und eine erwachsene Tochter hatten und schon mehrfache Großeltern waren. – »Es ist meine Art und Weise, das Göttliche zu verehren«, erwiderte sie. »Für mich sind es göttliche Kinder, ich liebe sie wie meine eigenen. Nie würden wir essen, ohne den beiden zuerst zu geben. Erst dann essen wir die so gesegnete Speise als Prasad. Abends lege ich sie zur Ruhe und morgens wecke ich sie, nachdem ich mein Bad genommen habe. Und sie werden auch gewaschen und bekommen täglich neue Kleider. Sie essen immer vor uns, und an Feiertagen brenne ich Räucherstäbchen ab, opfere ihnen Blumen und Süßigkeiten. Jeden Tag steht eine neue Blume für sie auf den Altar. Mein Mann kann stundenlang über Atman, Brahman oder die Veden reden – auch in Sanskrit. Aber ich habe die zwei Kleinen in meinem Herzen; ich liebe sie und sie bedeuten mir alles.«

Solche schwarzen Steine werden *Shaligram* genannt. Sie sind seit alters her ein Symbol für den Gott Vishnu. Goldschmiede benutzen sie auch heute noch, um mit ihrer Hilfe die Echtheit des gelben Metalls zu überprüfen: Eine Spur von Gold auf dem Stein verschwindet nach einiger Zeit, und die Inder glauben, dass der Stein »Gold isst«.

Das Geschenk

Im Brahmaputra, einem der längsten Flüsse der Welt, liegt eine Insel namens Majuli. In einem kleinen Dorf auf dieser Insel lebte ein junger Mann, der nach Erkenntnis strebte. Sein Lehrer gab einmal in der Woche Unterweisungen und Darshan in einem Ashram, der weit entfernt von seinem Heimatort lag. So machte er sich eines Tages früh zum Ashram auf. Er hatte einen sehr langen Weg und musste noch bei Dunkelheit aufbrechen, um rechtzeitig zur Unterweisung im Ashram zu sein. Der Boden unter seinen nackten Füßen war kalt, denn es hatte während der Nacht stark abgekühlt. In seiner Hand hielt er einen kleinen runden Gegenstand, den er fest umschlossen hielt, weil er ihn nicht verlieren wollte.

Nach der Unterweisung ging er zu seinem Guru, den er sehr verehrte, und überreichte ihm den Gegenstand, den er die ganze Zeit in der Hand gehalten hatte. Es war eine wunderschöne und besonders länglich geformte Muschel. Der Guru bedankte sich erfreut bei ihm, und während er die Muschel bewunderte, fragte er: »Ich habe noch nie eine so schöne Muschel gesehen. Wo hast du die denn gefunden?«
Der Schüler berichtete dem Guru, dass es am anderen Ende der Insel, wo er lebe, einen versteckten, einsamen Strand gebe, an dem manchmal solche Muscheln angeschwemmt würden. Man müsse nur lange und konzent-

riert genug suchen. Der Guru antwortete: »Ich danke dir nochmals von Herzen, aber du hättest doch nicht einen so weiten Weg auf dich nehmen müssen, nur um mir etwas zu schenken.« – Darauf antwortete der Schüler: »Der weite Weg ist doch ein Teil des Geschenks.«

Mirabai

Mitte des letzten Jahrtausends wurde in Nordindien eine Prinzessin namens Mirabai geboren. Bereits als Kind war sie eine glühende Verehrerin Krishnas und sang ständig Loblieder zu seiner Verehrung. In jungen Jahren wurde sie dann auf Wunsch ihrer Eltern verheiratet.

Mirabai ging allerdings so sehr in ihrer Verehrung zu Krishna auf, dass sie ihrem Mann eines Tages sagte, dass sie nur Krishna als ihren Liebhaber betrachte und daher mit ihm die Ehe nicht vollziehen wolle. Ihr Mann, der Mirabai sehr schätze, ließ sie gewähren und nahm sich noch eine zweite Frau.

Als er in einer Schlacht mit einem fremden Heer ums Leben kam und seine schützende Hand über Mirabai plötzlich fehlte, kam der Bruder ihres toten Mannes zu ihr und reichte ihr einen Giftbecher. Diesen leerte sie in einem einzigen Schluck. Doch das Gift zeigte keinerlei Wirkung, und sie überlebte völlig unversehrt. Noch heute glauben ihre Anhänger, dass Krishna den Gifttrunk damals in köstlichen Nektar verwandelt habe.

Mirabai wird als eine der ganz großen Vertreterinnen des Bhakti-Yoga angesehen. Nicht die heiligen Schriften und ihre Verkünder, die Schriftgelehrten und Priester, standen im Vordergrund, sondern das direkte Erleben des Göttlichen, das Aufgehen in Verzückung und Hingabe. Es wird berichtet, dass sie nach dem Tod ihres Mannes und dem

Mordversuch ihres Schwagers unzähligen weiteren Schikanen ihrer Verwandtschaft ausgesetzt war:

Obwohl man um die tiefe Liebe Mirabais zu Krishna wusste, verbot man ihr den Besuch des Krishna-Tempels. Der Sage nach fand sie außerhalb der Tempelmauer einen Ort, wo die Apsis ganz nah an die Mauer heranreichte. Durch eine Öffnung konnte sie auf die Rückseite einer Statue von Krishna schauen. Sie war voller Hingabe und Liebe zu Krishna und sang täglich im Angesicht dieser Statue ihre Lobpreisungen für ihn. Und noch heute glauben die Menschen in Rajasthan, dass die Statue von Krishna sich eines Tages um hundertachtzig Grad gedreht habe, damit Krishna seine glühende Verehrerin von Angesicht zu Angesicht sehen konnte.

Zicklein zu verkaufen

Immer in den frühen Morgenstunden herrschte im Altstadtviertel Dadar in Mumbai geschäftiges Treiben. Die Menschen drängten sich durch die Straßen, an den Rikschas und Ständen vorbei, und fahrende Händler priesen lauthals ihre günstigen und qualitativ hochwertigen Produkte an. In einer kleinen Nebenstraße stand vor einer Tierhandlung ein großes Schild, auf dem stand: »Zicklein zu verkaufen.«

Ein kleiner Junge kam an dem Schild vorbei und betrat den Laden. Nur zwei Frauen standen in Saris gekleidet in dem Laden und begutachteten die Schildkröten. Der Junge ging schüchtern zur Theke und fragte den Verkäufer: »Wie viel kostet denn ein Zicklein?« – Lächelnd antwortete der Mann: »Zwischen 3000 und 4000 Rupien.«

Der Junge blickte erschrocken, fasste dann jedoch in seine Hosentasche und zog ein paar Scheine und Münzen hervor. Er zählte das Geld zusammen und sagte: »Ich habe nur 48 Rupien. Dürfte ich mir die Zicklein vielleicht dennoch einmal anschauen?« Der Händler lächelte und ging nach hinten in einen kleinen abgetrennten Raum. Kurze Zeit später führte er eine Ziege an einem Strick nach vorne. Hinter ihr liefen fünf kleine Zicklein her.

Vier der Kleinen kamen gut hinterher, doch eines war deutlich langsamer und humpelte stark. »Was hat denn die kleine Ziege da?«, fragte der kleine Junge voller Mitleid. Der Ladenbesitzer nahm die kleine Ziege auf den Arm und erklärte dem Jungen, dass die Ziege mit einem verkrüppelten Bein auf die Welt gekommen sei und nie richtig laufen können werde.

»Dieses Zicklein hätte ich gerne«, sagte der Junge selbstsicher und blickte voller Liebe auf das kleine Tier. – »Also, ich an deiner Stelle würde dieses Zicklein ja nicht nehmen, denn sie wird nie normal laufen können, aber wenn du sie unbedingt willst, dann schenke ich sie dir«, antwortete der Händler.

Plötzlich wurde der kleine Junge sehr wütend und sagte zu dem Mann: »Ich möchte nicht, dass Sie mir dieses Zicklein schenken. Es ist genauso viel wert wie die anderen, und ich werde den vollen Preis für sie bezahlen. Ich gebe Ihnen jetzt meine 48 Rupien und zahle Ihnen jede Woche 10 Rupien, bis ich den vollen Preis abgezahlt habe.«

Der Mann schüttelte ungläubig den Kopf: »Mein Junge, diese Ziege wird nie mit dir laufen und herumtoben können. Ich an deiner Stelle würde sie wirklich nicht kaufen.«

Der Junge zog seine Hose ein Stück nach oben und es wurde eine Metallschiene sichtbar, die sein verkrüppeltes Bein stützte. Er streichelte der Ziege liebevoll über den Kopf und sagte: »Ich kann selbst nicht besonders gut laufen, und doch lieben meine Eltern mich über alles, obwohl ich niemals herumspringen werde. Aber sie sehen in mir ein großes Geschenk Gottes.«

Was können wir tun?

Eines Tages fragte ein Schüler seinen Guru: »Was können wir tun, um die Welt zu verbessern?«

Die Antwort des Meisters lautete: »In meiner Jugend war ich ein Idealist und stellte mir vor, was ich alles tun könnte, um die Welt zu verbessern. Daher war damals mein einziges Gebet: ›Herr, gib mir die Kraft, die Welt zu verbessern, sodass alle Menschen sich lieben und in jedem anderen das Göttliche erkennen.‹

Als ich älter wurde und langsam in meine mittleren Jahre kam, sah ich ein, dass ich bis dahin nicht einmal einen einzigen Menschen hatte verbessern können. Daher änderte ich mein Gebet: ›Herr, gib mir die Gnade, all jene zu verändern, die mir nahestehen, damit sie sich selbst lieben und in allem das Göttliche erkennen. Dann bin ich schon zufrieden.‹

Inzwischen bin ich alt geworden und der größte Teil meines Lebens ist vorbei, ohne dass ich irgendwen oder irgendetwas in dieser Welt meinem Wunsch gemäß habe verändern können. Deshalb ändere ich jetzt mein Gebet von Neuem: ›Herr, gib mir die Gnade, mich selbst zu lieben und in mir das Göttliche zu sehen.‹ Und nun sehe ich ein, wie schwer allein dies schon umzusetzen ist!«

Der dritte Wunsch

Ein junger Mann, der in Mumbai als Geschäftsmann sein Geld verdiente, betete inständig zu Gott Vishnu. Nach langen Jahren intensivster Übungen und Meditationen erschien Vishnu eines Tages vor ihm und sagte: »Deine Meditationen und deine Gebete haben mir gefallen. Ich bin erschienen, um dir drei Wünsche zu gewähren. Überlege sie dir gut!«

Der junge Mann fühlte sich am Ziel seiner langen und ausdauernden Bußübungen und erwiderte sogleich: »Einen Wunsch kann ich dir sofort nennen: Lasse meine Frau sterben!« Insgeheim erhoffte er sich eine bessere und schönere Frau, wenn er erst wieder frei wäre.

Vishnu gewährte ihm seine erste Bitte. Bei der Verbrennungszeremonie jedoch kamen alle trauernden Verwandten, Freunde und Bekannten und lobten die Verstorbene in den höchsten Tönen. Der Mann wurde nachdenklich: »Wenn alle Menschen hier meine verstorbene Frau so sehr preisen, muss sie doch wahrlich ein guter Mensch mit vielen Tugenden gewesen sein. Werde ich je eine bessere Frau finden?« Also bat er Vishnu, seine Frau wieder zum Leben zu erwecken.

Und Vishnu erfüllte dem Mann auch seinen zweiten Wunsch. Ein letzter Wunsch blieb ihm noch, und den würde er sich gut überlegen. Doch je mehr er überlegte, desto ratloser wurde er. Ihm war bewusst, dass ein weiterer Wunsch, sein letzter, nicht wieder rückgängig gemacht werden konnte, und so wollte er diesmal keinen Fehler begehen. Er fragte überall um Rat.

Einige seiner Freunde rieten ihm, um Unsterblichkeit zu bitten. Aber was würde Unsterblichkeit nützen, wandten andere ein, wenn er nicht gesund wäre? Und was würde Gesundheit nützen, wenn er kein Geld hätte? Und was würde Geld nützen, wenn er keine Freunde hätte? Jahre vergingen, und er konnte sich zu keinem Wunsch entschließen: Leben oder Gesundheit oder Reichtum oder Macht oder Liebe.

Schließlich sagte er zu Vishnu: »Bitte rate mir, worum ich bitten soll!« – Vishnu lachte, als er die missliche Lage des Mannes sah, und sprach: »Bitte darum, die Fähigkeit zu entwickeln, dich dem Leben vollkommen hinzugeben, das Leben zu lieben und in allem das Göttliche zu sehen, was auch immer dir das Leben bringen mag.«

Die Pilgerreise

Viele Jahre während meines Indienaufenthalts übten der Himalaya, Tibet und der Berg Kailash eine besondere Anziehung auf mich aus. Und über viele Jahre blieb es ein Traum – unerreichbar, denn ich lebte in einem kleinen, von der Außenwelt abgeschlossenen Ashram im indischen Maharashtra in der Nähe von Poona. Und vielleicht waren es auch die vielen Stunden, die ich lesend mit alten Schriften, mit alten Reisebeschreibungen verbrachte, die diese ferne Welt der Yogis, Sadhus und der Pilger im Himalaya noch verheißungsvoller erscheinen ließen.

Fünf Jahre später, zurück in Deutschland, hatte ich einen Traum, aus dem ich morgens aufwachte. Vor meinem inneren Auge sah ich ein Wort und einen Schriftzug, den ich noch nie gehört oder gesehen hatte: *Shambhala*. Das weit ausholende, geschwungene S brachte ich schnell zu Papier, aus Angst davor, dass die geträumten Bilder und dieser klar gesehene Schriftzug wieder unscharf oder verblassen würden. Wochen und Monate verbrachte ich damit, den Namen *Shambhala* zu ergründen. Ich schaffte Literatur heran. Viele der Spuren wiesen auf Tibet, Zentralasien hin, wo das sagenumwobene Königreich namens Shambhala vermutet wird. Ich las die Bücher von Tapovan Maharaj, der mehrmals von der indischen Seite über Gangotri und Gaumukh nach Tibet gewandert und dabei den uralten Spuren der Pilgerpfade zum Berg Kailash gefolgt war.

Und eine Pilgerschaft war diese Reise im wahrsten Sinn des Wortes: in Demut, in Hingabe, mit nichts als der Kleidung, einem Schal und einer Handvoll Reis über die hohen Pässe, die oftmals mehr als fünftausend Meter maßen und die den indischen Teil des Himalaya vom tibetischen Hochland trennten, zu gehen. Im absoluten Vertrauen darauf, dass, wenn der heilige Berg sie in einer Vision, mit einem Zeichen rufe, nichts sie davon abhalten könne, diesem Ruf zu folgen und in das Zentrum des kosmischen Mandalas, in das Zentrum des Universums zu wandern und eins zu werden mit dem Göttlichen. Waren die Schneestürme überstanden, die Tage des Hungers und der knurrenden Mägen vorbei und trafen die Pilger auf Nomaden, die ihnen Milch und ein wenig Nahrung von ihrer geringen Habe anboten, war die Gefahr, räuberischen Banden in die Hände zu fallen, noch nicht überstanden. Doch irgendwann winkte das Ziel: der majestätische Berg Kailash, Kang Rinpoche, das »kostbare Schneejuwel«, wie ihn in die Tibeter nennen.

Selbst nach neun Reisen zum heiligen Berg mit Kora, der spirituellen Umrundung zum Vollmondfest in den Monaten Mai oder Juni, stockt mir immer wieder der Atem, wenn wir in unseren Jeeps den letzten Berghügel zwischen Rakshastal (Mondsee) und Manasarovar (Sonnensee) umfahren und den Berg zum ersten Mal erblicken. Die Fahrer halten, steigen aus ihren Fahrzeugen und werfen sich auf den Boden mit ausgestreckten Armen, die zum Berg zeigen. Oft machen sie minutenlange Niederwerfungen und murmeln dabei das heilige »Om mani padme hum«, das Mantra des Avalokiteshvara, des Schutzpatrons der Tibeter: »Oh du Juwel im Herzen der Lotosblüte.«

Beginnend im Westtal, in Tarpoche, wo der große Flaggenmast, der *tar*, der jährlich am Vollmondtag des Vesakh-Fests neu aufgerichtet wird, noch am Boden liegt, warten die Pilger auf den Moment, wenn Sonne und Mond sich gradgenau gegenüberstehen und eine astrologische Opposition bilden, das Vesakh-Fest (die Tibeter nennen es *Sakha Dawa*) seine Bestimmung erfüllt und die Schleusen des Himmels sich öffnen, damit die Buddha-Essenz segnend über die Anwesenden herabkommt.

Viele Mythen kreisen im indischen und tibetischen Raum: Geschichten, die von den hunderttausend Buddhas erzählen, die unsichtbar für das menschliche Auge in tiefster Versenkung einen Kreis um den heiligen Berg bilden und ihn mit ihren Meditationen und Mantras auf dieser sichtbaren, materiellen Ebene halten. Sonst, so glaubt man, könne er nicht auf dieser grobstofflichen, materiellen Erde verbleiben, so stark werden die Essenz und die Kraft dieses mythischen Berges eingeschätzt.

Auch dem großen, runden Findlingsstein auf der Passhöhe, der der Dolma, der Tara geweiht ist und der dem Pass seinen Namen Dolma-La gegeben hat, begegnet der Pilger auf seiner Wanderschaft. Und so ist es kein Zufall, dass oberhalb des Tarpoche-Tals seit Jahrhunderten ein Bestattungsort für Pilger liegt, denn dieses Tal wird auch das »Tal des Todes, des Vergehens und der Auflösung« genannt. Eine halbe Tagesstrecke weiter nördlich liegt der Dakini-Friedhof; oft sieht man tibetische Pilger am Boden wie in einer Todesstarre auf diesem felsigen Plateau unterhalb der Passhöhe liegen; sie nehmen ihren körperlichen Tod vorweg, lösen sich bewusst Schritt für Schritt von ihren körperlichen und geistigen Beschränkungen. Ein merkwürdiger, aber auch berührender Anblick, wenn sie in all den herumliegenden Kleidungstücken und Gegenständen, die Pilger über viele Jahre hier als Zeichen der Aufgabe von Anhaftungen zurückgelassen haben, wie tot da liegen.

Und kurz nach diesem Ort ist die Passhöhe schon zu sehen auf 5600 Meter Höhe. Die Tibeter stoßen Freudenschreie aus, preisen die Tara, die göttliche Mutter, für ihre Wiedergeburt und ihren Eintritt in ein neues Leben. Kein Pilger geht über diesen Pass, ohne Dolma, wie die Tara auf tibetisch heißt, zu danken und sie zu lobpreisen. An ihrem runden Stein haften unzählige Münzen und Geldscheine, die Pilger mit etwas Butterfett an den Fels kleben. Überall wehen Gebetsfahnen, die das allgegenwärtige »Om mani padme hum« hinab in die Täler und Ebenen tragen; durch ihr Flattern im Wind meint man, das immer gegenwärtige leise Murmeln des Mantras zu hören.

Dattatreya

Es gibt einen ganz besonderen Yoga-Weg in Indien: den Weg des Dattatreya. Anhänger und Schüler sind frei, ihn zu gehen oder auch zu verlassen, ohne über einen langen Zeitraum gebunden zu sein. Begründet wurde diese Schule von Dattatreya, der wohl weniger eine historische Persönlichkeit als eine mythologische Gestalt in der religiösen Überlieferung Indiens ist. *Datta* ist ein Sanskritwort und kann mit »gegeben, von den Göttern geschenkt« übersetzt werden. *Treya* ist eine Abwandlung von Atri, wie ein bekannter Seher heißt. *Atri* setzt sich zusammen aus *a* und *tri*, wörtlich »nicht drei«, und bedeutet, jenseits von den drei großen Begierden, den körperlichen, geistigen und den spirituellen, zu sein.

Atris Frau heißt Anasuya. Dieser Name bedeutet »frei von jeglicher Boshaftigkeit und allem Neid«. Sie besaß so viele positive Eigenschaften und eine solche Lauterkeit, dass sogar die drei Göttinnen Sarasvati, Lakshmi und Parvati, die Gemahlinnen von Brahma, Vishnu und Shiva, extrem eifersüchtig wurden. Und das täglich mehr. Eines Tages besprachen sie sich: »Anasuya hat als Frau so viele positive Eigenschaften und ist so hoch und weit entwickelt in ihrem Bewusstsein, dass sie uns Göttinnen bald Konkurrenz machen oder uns sogar überrunden wird. Wir müssen etwas unternehmen. Wir sollten sie wieder auf ein menschliches Niveau mit all seinen Fehlern und Schwächen herunterholen. Wir werden sie in eine Zwickmühle bringen, aus der es kein Entrinnen gibt.«

Und so schickten sie ihre Göttergatten Brahma, Vishnu und Shiva als normale Yogis verkleidet auf die Erde. Die Drei suchten Anasuya um die Mittagszeit herum auf, wohl wissend, dass ihr Mann Atri, der sie sicherlich sofort erkannt hätte, nicht anwesend war. Sie klopften an die Tür und baten mit ihren Essensschalen um Almosen. Im alten Indien war es nicht nur eine religiöse, sondern auch soziale Pflicht, den Bittenden etwas zu geben; für die großzügige Gabe war der Bittende dankbar, und der Spender schätzte sich glücklich, weil er geben durfte.

Die drei Yogis stellten listigerweise eine Bedingung. Und diese lautete, dass Anasuya nackt die Almosen reichen solle. Das war für sie eine unlösbare Aufgabe, denn sie konnte sich unmöglich vor Fremden nackt ausziehen. Und noch weniger konnte sie diesen drei Yogis, die an ihre Tür geklopft hatten, die Almosen verweigern. Sie war in einer ausweglosen Zwickmühle. Aufgrund der Reinheit ihres Wesens und ihrer Gedanken fand sie jedoch eine Lösung: Sie ging zu ihrem Hausaltar, nahm die Muschel, die dort lag, und sprengte einige Tropfen des heiligen Wassers auf die drei Yogis. Augenblicklich verwandelten sich diese in kleine Babys, die nach Nahrung schrien. Sie ging mit den drei Kleinen ins Haus, gab jedem die Brust und stillte so ihren Hunger. Und sie erfüllte damit beide Bedingungen, den bittenden Yogis Nahrung zu geben und dies nackt zu tun.

Die Reinheit von Anasuyas Gedanken und ihre Hingabe an das Göttliche führten sie an den Punkt, das Wasser der Muschel zu nehmen und auf die Yogis zu sprenkeln. Frei von allen Begierden und im Vertrauen auf göttliche Führung befreite sie sich aus einer ausweglosen Situation.

Als ihr Mann Atri nach Hause kam und die drei Babys sah, erkannte er in ihnen sofort die Gottheiten Brahma, Vishnu und Shiva. Auch war ihm bewusst, auf welche Art und Weise und mit welcher List die drei Götter um Almosen gebeten hatten. Das Paar lebte glücklich mit den drei Kindern und zog sie liebevoll auf. Die Kinder wurden größer und größer.

Lakshmi, Sarasvati und Parvati bemerkten schließlich, dass ihre Männer schon seit längerer Zeit »überfällig« waren. Und da sie die Fähigkeit hatten, die Vorgänge in ihrer Essenz zu durchschauen, erkannten sie, was geschehen war. Sie suchten Atri und Anasuya auf, baten um Vergebung für ihr intrigantes Spiel und um Rückverwandlung und Rückgabe ihre Männer.

Doch die drei Jungen waren dem Paar so sehr ans Herz gewachsen, dass es eine Bedingung stellend den Göttinnen entgegnete: »Jetzt haben wir die Drei über Jahre hinweg großgezogen, und ihr habt euch die ganze Zeit nicht um eure Männer gekümmert. Deshalb möchten wir sie ungern wieder weggeben. Aber ihr bekommt eure Männer wieder, wenn ihr uns einen Sohn überlasst, der die Essenz von Brahma, Vishnu und Shiva in sich vereint.« Die Göttinnen willigten ein.

Dieser Sohn von Anasuya wurde Dattatreya genannt, »der von den Göttern Gegebene«, der die dreifaltige Essenz von Brahma, Vishnu und Shiva in sich vereint. Er genießt in Indien auch heute noch sehr große Verehrung, da er nicht nur einen einzelnen Aspekt der Schöpfung, sondern die Gesamtheit des Universums in seiner Gestalt verkörpert.

Jnana-Yoga

In der Einleitung zu den zwei anderen Yoga-Wegen, dem Bhakti- und dem Karma-Yoga, wurde bereits dargelegt, dass alle drei Wege gleichberechtigt nebeneinanderstehen. Es ist einzig von der Ausrichtung und den geistigen und moralischen Qualitäten des Schülers abhängig, welcher dieser Wege für ihn praktizierbar und gangbar ist. Und natürlich ist auch von großer Bedeutung, ob er das Karma mitbringt, einem qualifizierten Lehrer oder Guru zu begegnen, der ihm den Weg weisen kann und bei den zahlreich auftauchenden Hindernissen mit Rat und Tat zur Seite steht.

Den Weg zu gehen, bleibt jedem Schüler selbst überlassen. Jnana-Yoga ist der Weg der Erkenntnis, der Weg des Wissens, wobei Wissen hier nicht die Anhäufung von Fakten ist, sondern das grundlegende Verständnis von dem, »was die Welt zusammenhält«. Es ist ein überaus herausfordernder Aspekt, die Essenz des Jnana-Yoga auf die drei Wörter *Tat tvam asi* zu reduzieren. Es ist dies eine einmalige Erfahrung, die alles weitere Fragen erübrigt: Die Suche ist zu Ende.

Es gibt eine Geschichte, die davon berichtet, dass ein Schüler das Wesen des »*Tat tvam asi!* – ›Das bist du!‹« und die damit verbundene Frage nach der eigenen Existenz, nicht begreifen konnte. Er äußerte seinem Lehrer gegenüber seine Zweifel und sein mangelndes Verständnis. Der Lehrer erwiderte daraufhin entgegenkommend: »Gut, dann

lassen wir die Feststellung ›Das bist du‹ einmal ganz beiseite. Ich mache dir stattdessen einen anderen Vorschlag.
Bleibe zwölf Jahre hier bei mir im Ashram; ich kann dir
mit großer Sicherheit garantieren, dass es für dich ein großer Schritt hin zu Erleuchtung und Erkenntnis sein wird.«

Der Schüler erklärte sich mit diesem Vorschlag einverstan-
den und blieb bei seinem Lehrer. Er verrichtete bereitwil-
lig alle Arbeiten, die ihm aufgetragen wurden und versuchte, sich darüber hinaus die Fähigkeiten anzueignen,
die zum Verstehen des Satzes »Das bist Du« notwendig
sein würden. Die Jahre gingen dahin, ohne dass etwas Außergewöhnliches geschah. Ganze zwölf Jahre wartete der
Schüler auf den einen großen Moment, dass der erwartete
Durchbruch käme. Doch zu seiner großen Enttäuschung
geschah am Ende der zwölf Jahre nichts Entscheidendes,
alles war wie immer.

Der Schüler ging zu seinem Lehrer und beklagte sich bit-
terlich darüber, dass er in diesen zwölf Jahren des Dienens
keine Fortschritte auf dem Weg zu Erkenntnis und Erleuchtung gemacht habe, obwohl der Meister ihm dies doch versprochen hatte. Und er äußerte seine Befürchtung, dass
ihm diese zwölf Jahre doch eigentlich gar nichts gebracht
hätten, obwohl er für den Meister alles getan habe, was
dieser von ihm verlangt habe. Dem Schüler erschien es so,
als sei überhaupt nichts geschehen, als habe er seine Zeit
verschwendet.

Der Lehrer hörte ihm geduldig zu, sah ihn ruhig an und sagte dann: »Doch, das Allerwesentlichste hast du sehr wohl verstanden: Wenn Feuerholz zu machen war, dann hast du Feuerholz gemacht. Wenn Wasser zu holen war, hast du Wasser geholt. Und wenn ein Tee aufzugießen war, dann hast du mir einen Tee aufgegossen. Und wenn wir beide Lust hatten, den Tee zu trinken, dann haben wir den Tee getrunken. Was gibt es da mehr zu verstehen?«

Für uns, die wir das Anhäufen und Erlangen von Wissen als einen linearen Vorgang ansehen, bei dem zu bereits vorhandenem Wissen immer mehr Wissen hinzugefügt wird, ist dieser Vorgang endlos. Gesammeltes Wissen führt nicht an einen Punkt, wo es sich in Erkennen, Weisheit oder gar Erleuchtung wandelt. Denken wir in dualistischen Begriffen wie »vorher – nachher«, »wenig – viel«, »unreif – reif« oder »dumm – schlau«, wird es immer ein »mehr«, »höher«, »weiter«, »schlauer« und »reifer« geben, und wir bleiben auf diese Weise gefangen in der dualistischen Betrachtungsweise.

Samsara, die Leerheit aller Erscheinungen zu erkennen und dem Kreislauf der Wiedergeburten zu entrinnen, gelingt, wenn das Wesen des Brahman erkannt wird. Gemäß der Advaita-Philosophie, dem Prinzip der Nichtdualität, ist dieses Wissen immer vorhanden, jenseits von Raum und Zeit; das Ziel besteht darin, dieses ewig gültige, zeitlose, immer existierende Göttliche, dieses »Eine ohne ein Zweites« zu verinnerlichen und zu realisieren. Mehrere Übungen und

Vorgehensweisen helfen dabei, wie zum Beispiel die An-
wendung des »*Neti-neti* – ›Nicht dieses, nicht jenes‹«: Wenn
wir die Essenz von allen dualistischen Beschreibungen und
Attributen befreien, bleibt letztendlich nichts als das reine
Sosein, reines Bewusstsein, »das, was ist«.

Seit alters verehrt Indien seine Weisen und Heiligen und
zollt ihnen Respekt und Anerkennung, wenn diese in letzter
Selbsterkenntnis verkünden: »*Aham Brahmasmi* – ›Ich bin
das Göttliche, ich bin ES‹«, frei von allen Täuschungen, zeitlos ruhend im ewigen Selbst.

Die folgenden Geschichten erzählen davon, wie es ist,
wenn wir die Dualität durch unmittelbare Erfahrung überwinden und was passiert, wenn wir das Wissen nur intellek-
tuell anhäufen.

Die Spende und eine Rupie

Am Ende meines zweiwöchigen Aufenthalts im Gästehaus in Garudeshvar am Narmada-Fluss betrat ich das Office, um dort eine Spende für meine Unterkunft abzugeben. Vor mir im Büro war ein Inder, der auch ein Zimmer im Gästehaus bewohnt hatte und den ich oft beim Essen gesehen hatte. Er legte eine Summe von mehreren Hundert Rupien in Scheinen auf den Tisch, kramte aber noch weiter in seiner Tasche und legte schließlich noch eine Münze von einer Rupie dazu.

Als ich meine Spende gegeben hatte und nach draußen trat, saß er in der Sonne auf einer Bank. Weil wir hin und wieder inspirierende Gespräche über die *Veden*, Sadhana und den heiligen Fluss Narmada geführt hatten, setzte ich mich zu ihm und fragte ihn, weshalb er zu seiner recht großzügigen Summe noch extra eine einzelne Münze dazugelegt hatte.

»Wissen Sie«, fing er seine Erklärung an, »sicherlich habe ich für mein Zimmer, das Essen sowie den Tee am frühen Morgen dem Ashram eine hübsche Summe als Spende gegeben. Aber was ist mit Liebe, Freundlichkeit und Warmherzigkeit? Was ist mit dem freundlichen Lächeln des Jungen, der mir morgens meine Tasse Tee bringt und mir einen ›Guten Tag‹ wünscht? Das alles kann doch nicht mit Geld bezahlt werden. Wir hier in Indien haben die Angewohnheit, für dieses Nichtmaterielle eine Anerkennung in

Form einer einzigen Rupie zu geben. Denn bezahlen lässt es sich eigentlich nicht, in Geld aufwiegen auch nicht. Deshalb diese einzelne Rupie. Das erinnert uns immer wieder daran, dass nicht alles einen geldlichen Wert hat, sondern dass wir auch eine geistig-spirituelle Welt haben und von der göttlichen Gnade leben. Alles Göttliche ist in dieser einzigen Rupie enthalten.

Lesen ist das eine,
danach handeln das andere

Alle Macht und alles Wissen der Welt hatte sich ein 85-jäh-riger Gelehrter im Laufen seines Lebens angeeignet. Alle Schriften, alle Weisheitsbücher hatte er gelesen, studiert und kommentiert. Alles schien für ihn erklärbar und be-kannt zu sein. Alles verstand er durch seine umfassende Bildung, nur eines nicht: Warum gab es da einen Yogi, genügsam, alt, einfach und bescheiden, ohne Bildung, Macht und Wissen, der beliebter war als er? Beliebter und bekannter gar, als er es je war und wohl je sein würde?

Neugier und Unglaube brachten den alten Gelehrten dazu, den genügsamen Yogi in seiner einfachen Behausung auf-zusuchen. Als er in das einfache Zimmer trat, in dem der Yogi lebte, stellte er ihm eine Frage, um zu sehen, welchen Grad an Weisheit und Wissen dieser in seinem Leben er-reicht hatte: »Wie, weiser Yogi, soll ich mein Leben füh-ren?« – Daraufhin entgegnete ihm der einfache Yogi: »Ver-meide Böses und tue Gutes!«

Diese einfache Antwort erzürnte den alten Gelehrten. Sein Leben hat er damit zugebracht, zu lesen, zu forschen und zu erarbeiten, wie man sein Leben weise und im Einklang mit den religiösen Schriften führen solle, und nun dies? Darum entgegnete er wütend: »Deine Idee ist so simpel, dass sie auch mein Ururenkel verstünde!« – Der einfache Yogi entgegnete mit einem Schmunzeln: »Selbst wenn dein Ururenkel diese Idee versteht, so bedeutet das noch lange nicht, dass auch ein alter Mann danach handelt!«

Narasimha oder Der Löwenmensch

Als ich vor Jahren den tibetischen Gelehrten Geshe Thub-
ten Wangchuk im Kloster Tashilunpo in Bylakuppe in Südindien besuchte, um die Formalitäten für ein Sandman-
dala im kommenden Sommer in unserer Schule Jamyang
Ling in Zanskar zu besprechen, machte ich auf dem Rückweg beim Fort Melkote in der Nähe von Mysore Rast. Das
alte Fort, hoch oben auf einem Hügel gelegen, bietet eine
fantastische Aussicht und beherbergt auch einen Tempel
mit dem Namen Shri Yoga Narasimha. Beim Eintritt in das
Innere ist eine hohe Stufe zu überwinden; nicht viele Menschen, mit Ausnahme von Kindern, traten auf diese hohe
Stufe, um in das Tempelinnere zu gelangen. Die meisten
Besucher achteten sorgsam darauf, mit einem bewussten,
großen Schritt in das Innere zu gelangen. Diese Art der
Achtsamkeit und der Vorsicht ist in einer Geschichte begründet, die in den alten Puranas erzählt wird:

Vor langer Zeit einmal schaffte es ein böser Dämon namens Hiranyakashipu durch ausgiebiges und langes Meditieren, dass Vishnu ihm die Erfüllung eines Wunsches
gewährte. Hiranyakashipu zögerte nicht lange und nannte
seinen Wunsch: »Ich will weder von einem Menschen noch
von einem Tier, weder bei Tag noch bei Nacht, weder drinnen noch draußen jemals getötet werden können.«
Hiranyakashipu war äußerst intelligent und hatte sich diesen Wunsch lange und genauestens überlegt. Die Gewäh-

rung dieses Wunsches sicherte ihm Unsterblichkeit zu – niemand würde ihn jemals töten können. Und so begann durch ihn und andere Dämonen eine üble Schreckensherrschaft. Die Welt versank in Dunkelheit, und unter den Menschen herrschte große Not. Als die Bedrängnis zu groß wurde, suchten die Götter Vishnu auf und baten ihn, Abhilfe zu schaffen.

Vishnu jedoch konnte sein Versprechen an Hiranyakashipu nicht zurücknehmen. Nach langer Meditation fand er aber eine Lösung: Er inkarnierte halb als Tier und halb als Mensch, war also weder ganz Mensch noch ganz Tier. In der Dämmerung wartete er auf den Dämon, das war weder bei Tag noch bei Nacht. Und der Ort war die Türschwelle seines Hauses, weder drinnen noch draußen. Und so geschah es, dass Vishnu in seiner vierten Inkarnation ein Wesen war, das halb Löwe und halb Mensch war und deshalb *Narasimha,* »Menschlöwe«, genannt wurde, und so dem Treiben des Dämons Hiranyakashipu ein Ende setzen konnte.

Die Pilger und Besucher des Narasimha-Tempels kennen diese Geschichte; fast jeder Inder kennt sie, und es ist weitverbreiteter Brauch in Indien, nie mit dem Fuß auf eine Türschwelle zu treten, sondern sie mit der rechten Hand zu berühren und diese zum Herzen zu führen. Als Zeichen der Achtsamkeit und zur Vermeidung einer unentschlossenen Haltung, die Unheil bringend ist und für den Dämon sogar tödlich war, ist diese Geste in ganz Indien verbreitet.

Der Affe und die Brille

Vor Jahren leitete ich eine Reisegruppe nach Spiti im indischen Bundesstaat Himachal Pradesh, um in der alten buddhistischen Klosteranlage von Tabo zu meditieren. Neben Alchi in Ladakh gilt Tabo als einer der Juwelen der buddhistischen Architektur und besitzt einzigartige Wandmalereien und Darstellungen. Unser Weg führte in die Vorberge des Himalaya nach Shimla, wo wir in einem alten Maharadscha-Palast Unterkunft fanden.

Am nächsten Morgen standen wir vor Sonnenaufgang auf, um auf dem bekannten Tiger Peak den Aufgang des glutroten Sonnenballs über der Himalaya-Bergkette zu erleben. Schon als wir am Fuß der Bergkuppe, die es zu ersteigen galt, angelangt waren, bemerkten wir die großen Horden von Affen, die entweder gelangweilt herumsaßen oder aber uns neugierig beäugten und in sicherem Abstand folgten. Einige von uns hatten etwas zu essen dabei, was Begehrlichkeiten bei den Affen weckte, bei anderen glitzerte eine Armbanduhr oder der Fotoapparat.

Bei mir war es wohl die Brille gewesen, die einen Affen, den ich überhaupt nicht wahrgenommen hatte, blitzschnell von einem Ast herab auf meine Schulter springen ließ. Er riss mir die Brille samt Bändel weg und saß in kürzester Zeit wieder hoch oben in seinem Baum und fing genüsslich an, auf dem Brillenbügel herumzukauen. Es dauerte einige Sekunden, ehe ich begriff, was passiert war.

Dann versuchte ich es mit Armwedeln, Winken, Rufen, Ausfallschritten und wedelte sogar mit meinem Wanderstock. Doch der Affe ließ sich nicht aus der Ruhe bringen, und die ersten Plastikstücke des Brillenbügels fielen schon zu Boden. Es war eine recht teuere Brille und ich war verzweifelt darüber, dass mir nichts gelang, um den Affen zum Herausrücken meiner Brille zu bewegen.

Einer unserer Fahrer, der uns begleitet hatte, kam lachend herbei und meinte: »So wirst du niemals deine Brille wiederbekommen – lass uns zum Büro gehen und schauen, ob eine Zeitung da ist!« Ich war zwar überhaupt nicht in der Stimmung, jetzt Zeitung zu lesen, folgte ihm aber ins Büro des Parkwächters. Hier fanden wir eine alte Zeitung und der Fahrer sagte: »Hilf mir bitte, aus den Seiten schöne runde Bälle zu formen!« Bald hatten wir vier Bälle, groß wie Tennisbälle, geformt und gingen zurück zu dem Baum, auf dem der Affe hoch oben im Wipfel noch immer meine Brille bearbeitete. Der Fahrer, der den Affen überhaupt nicht beachtete, nahm die Papierbälle und fing an zu jonglieren. Und unterhielt sich mit uns.

Nach kurzer Zeit hob der Affe seinen Kopf und schaute die Bälle mit Augen an, die immer größer und begieriger wurden. Mit einem Satz sprang er vom Baum, schnappte sich eine Papierkugel und verschwand in Windeseile wieder in seinem Gipfel, wo er auf der Kugel herumbiss. Meine Brille, die plötzlich völlig uninteressant für ihn geworden war, hatte er dabei fallen lassen. Ich nahm sie auf, steckte sie in meinen Rucksack und zog den Reißverschluss zu. Noch auf dem Rückweg beschäftigte mich, mit welch erfolglosen Tricks ich versucht hatte, meine Brille zurückzubekommen, und wie leicht und einfach der Affe die Brille hergab, als er dafür eine für uns nutzlose Zeitungskugel als Ersatz bekam. Der Affe erinnerte mich in dem Moment an meinen Geist und meine Gedanken, die auch immer wieder auf Sensationen aufspringen und dadurch in der Dualität gefangen bleiben.

Das Geheimnis des Glücks

Vor vielen, vielen Jahren lebte in Benares ein weiser Guru. Einmal kam ein deutscher Akademiker, der gerade ein Jahr als Gastprofessor an der Hindu-Universität verbrachte, zu ihm und stellte ihm folgende Frage: »Was ist das Geheimnis des Glücks?«

Der weise Guru überlegte nicht lange und antwortete: »Das Geheimnis des Glücks ist ein gutes Urteilsvermögen.«

»Aha«, sagte der Professor, der aufgrund seiner analytischen Fähigkeiten und der daraus resultierenden Urteilskraft berühmt war und weltweit geschätzt wurde, aber tief in seinem Inneren immer noch nicht wirklich glücklich war. Deshalb fragte er weiter: »Und wie bekomme ich ein gutes Urteilsvermögen?«

»Durch Erfahrung«, antwortete der Guru.

»Ja, ja, das weiß ich alles«, erwiderte der Professor leicht ungeduldig werdend, »aber wie erlange ich Erfahrung?«

»Durch ein schlechtes Urteilsvermögen«, lautete die Antwort des Gurus.

Die Macht der Worte

Als ein Guru in seinem Ashram in Indien eines Tages von der hypnotischen Kraft der Worte sprach, rief jemand vom hinteren Ende des Saals laut dazwischen: »Sie reden Unsinn. Wenn ich ›Hare Krishna, Hare Krishna, Hare Krishna‹ sage, wird mich das dann göttlich machen? Und wenn ich ›Maya, Maya, Maya‹ oder ›Gott des Bösen‹ sage, wird es mich böse machen?«

»Setz dich hin, du Hurensohn«, schrie ihn der Guru an. Der Mann, der dazwischengerufen hatte, wurde kreidebleich vor Zorn und brachte eine Weile lang kein Wort hervor. Doch dann sprudelte es aus ihm heraus, und er überschüttete er den Guru mit wüsten Beschimpfungen.

Mit zerknirschtem Gesicht sagte der Guru: »Entschuldigen Sie, werter Guruji, ich ließ mich hinreißen. Ich bedauere die unverzeihliche Entgleisung aufrichtig.« Der Mann beruhigte sich sofort.

Der Guru lächelte verschmitzt und sagte: »Sehen Sie, da haben Sie Ihre Antwort: Alles, was es brauchte, um Sie zu einem Wutanfall zu bringen, war ein einziges Wort. Und um Sie wieder zu beruhigen, brauchte es nur ein weiteres Wort.«

Wissen ohne Erfahrung

Ein junger Mann, der sehr unter Rückenschmerzen litt, ging zu einem Guru, der bekannt für seine großen Heilerfolge war, die er mithilfe von Yoga erzielt hatte. »Guruji«, sprach der junge Mann bei dem Lehrer vor, »ich wünsche mir Heilung. Kannst du sie mir bitte geben?« – Der Meister schaute ihn an und stellte ihm eine Gegenfrage: »Bist du wirklich an tiefer Heilung interessiert?«

Der Schüler wunderte sich über diese Frage: »Wenn ich es nicht wollte, würde ich dann die Mühe eines ganzen Tagesmarsches auf mich nehmen, um hierher zu deinem Haus zu laufen?« – »Oh ja, die meisten Menschen, die zu mir kommen, tun das«, antwortete der Guru und lachte. – »Wozu?«, wollte der junge Mann wissen. – Der Guru schaute ihn an und sagte: »Nicht wegen der Heilung kommen sie, denn diese tut weh! Sie kommen, um Erleichterung zu finden.«

Der junge Mann war sichtlich irritiert. Daraufhin erklärte ihm der Guru: »Die Menschen, die zu mir kommen, wünschen sich Heilung ohne Schmerzen. Das aber geht nicht. Es ist das Gleiche, wie wenn sich ein Mensch großen spirituellen Fortschritt ohne wirkliche Veränderung wünschen würde.«

Der Blinde

Der Guru eines Ashrams in Varanasi erzählte seinen Schülern gern folgende Geschichte: Eines Nachts wollte ein Blinder, der einen Freund besucht hatte, nach Hause gehen. »Kannst du mir bitte deine Laterne ausleihen?«, bat er seinen Freund. – »Was willst du denn mit einer Laterne?«, erwiderte sein Freund, »du kannst doch sowieso nichts sehen!« – »Da hast du recht«, sagte der Blinde, »aber so können andere mich in den schmalen Gassen besser erkennen!«

Also gab der Gastgeber seinem Freund die Laterne, in der sich eine Kerze befand. Der Blinde machte sich auf den Weg. Nach wenigen Metern krachte es, weil er mit einem Passanten zusammenstieß. Der Blinde wurde sehr zornig: »Kannst du nicht aufpassen? Siehst du denn die Laterne nicht?«, rief er. – »Und warum zündest du die Kerze nicht an?«, erwiderte der Passant.

Die leere Tasse

In der Stadt Uttarkashi lebte einst ein junger Mann. Er hatte schon viel von einem großen und bekannten Yogi gehört, der weit oben in der Region um Gangotri am Ufer des Ganges in einer Höhle leben sollte. Er war so fasziniert von der Idee, bei diesem Yogi zu lernen, dass er beschloss, ihn zu bitten, sein Schüler werden zu dürfen. Er gab sein bisheriges Leben in Uttarkashi auf und machte sich nur mit einem kleinen Bündel seiner Habseligkeiten beladen auf den Weg.

Es war eine beschwerliche Reise; und man benötigte drei ganze Tage, um die Höhle des Yogis zu erreichen. Dort oben, weit jenseits allen geschäftigen Treibens, herrschte eine himmlische Ruhe und die Aussicht auf die Berge des Himalaya war atemberaubend. Der Yogi saß im Lotossitz vor seiner Höhle und trank eine Tasse Tee.

Der junge Mann verneigte sich vor ihm, begrüßte ihn überschwänglich und versuchte, den Yogi mit seinem Wissen und seinen bisher gewonnenen Erkenntnissen zu beeindrucken. Er bat ihn, als Schüler aufgenommen zu werden. Der alte Yogi lächelte ihn freundlich an und antwortete dann mit fester Stimme: »Komme in einem Monat wieder.« Verwirrt kehrte der junge Mann in seinen Heimatort zurück.

Dort überlegte er mit seinen Verwandten und seinen Freunden, warum der Yogi ihn wieder weggeschickt haben könnte. Genau einen Monat später machte er sich wieder auf den Weg zur Höhle oberhalb von Gangotri und fand den Yogi wieder mit einer Tasse Tee vor seiner Hütte sitzen. Diesmal berichtete der Schüler von all den Überlegungen und Gedanken, die er mit seinen Verwandten und Freunden besprochen hatte.

Und erneut bat er ihn, bei ihm lernen zu dürfen. Der Yogi lächelte und sagte: »Komme in einem Monat wieder.« Dies ging so einige Monate weiter. Mit allergrößten Zweifeln, aber immer noch vom Wunsch beseelt, Schüler des alten Yogi zu werden, machte sich der junge Mann schließlich ein letztes Mal auf den Weg nach Gangotri. Wie auch die Male davor fand er ihn vor, wie er vor seiner Höhle saß und Tee trank. Er verbeugte sich wortlos vor ihm und setzte sich still und ruhig dem Yogi gegenüber auf den Boden und blickte ihn mit offenem Blick an.

Nach einiger Zeit erhob sich der Yogi und ging in seine Höhle. Kurze Zeit später kam er mit einer zweiten Tasse wieder zurück. Er schenkte dem jungen Mann Tee ein und sagte: »Nun erlaube ich dir zu bleiben, damit ich dich lehren kann. Denn in ein volles Gefäß kann man nichts füllen.«

Der Idiot

In Kalkutta lebte einst ein armer Mann, der von allen Nachbarn als riesengroßer Idiot angesehen wurde. Immer steckte er in Schwierigkeiten, nichts gelang ihm. Machte er einmal den Mund auf, wurde er ausgelacht, selbst wenn er etwas Sinnvolles, Schönes oder die Wahrheit sagte. Weil aber alle Menschen davon ausgingen, dass er ein Idiot sei, betrachteten sie auch alles, was er sagte, als idiotisch. Selbst wenn er aus den heiligen Schriften oder einen Vers der *Bhagavadgita* zitiert hätte, hätten die Leute ihn ausgelacht. Eines Tages hielt er es nicht mehr aus, und so suchte er einen weisen Einsiedler auf und erzählte ihm, dass er auf diese Weise nicht mehr weiterleben könne: »Ich kann diese ständige Verachtung meiner Mitmenschen nicht mehr ertragen. Kannst du mir aus dieser Situation heraushelfen? Sonst mache ich meinem Leben in den Fluten des Ganges ein Ende!«

Der Einsiedler lachte nur und sprach: »Da herauszukommen ist nun gar kein Problem, mache dir keine Sorgen! Mache bitte nur eines: Verneine alles, was man dir sagt! Stelle alles infrage, bezweifele jede Aussage, jede Feststellung! Wenn zu dir jemand sagt: ›Was für ein schöner Sonnenuntergang!‹, dann erwidere ihm sofort: ›Was ist daran nun schön? Ich kann nichts dergleichen erkennen!‹ Beweise, dass der Sonnenuntergang schön ist! Das ist alles Quatsch, es gibt keine Schönheit in dieser Welt! Zeige sie mir, lasse sie mich anfassen und riechen, gib mir eine Definition von Schönheit!‹ Sagt jemand: ›Was für eine ekstatische Musik!‹, frage ihn sofort: ›Was ist Ekstase? Wie definierst du Musik? Beschreibe es ganz genau! Ich glaube nicht, dass es Ekstase gibt! Das ist alles nur eine Illusion, ein Hirngespinst! Musik, das ist nur unnützer Krach!‹ Gehe so bei allem vor, was man an dich heranträgt! Und dann komme nach sieben Wochen wieder her. Sei ausschließlich negativ und stelle immer nur solche Fragen, die nicht beantwortet werden können. Mach dies mit allem, stelle Fragen wie ›Was ist Musik?‹, ›Was ist Schönheit?‹, ›Was ist der Tod?‹, ›Was ist Gott?‹«

Nach sieben Wochen kam der Idiot zurück zum Einsiedler; ihm folgte eine große Menschenmenge. Der Einsiedler fragte: »Was ist geschehen?« – Und der Idiot antwortete: »Es ist reine Magie. Die ganze Stadt denkt jetzt, dass ich der weiseste Mensch weit und breit bin und ein tiefgründiger Philosoph und Denker. Jeden konnte ich mit meinen Worten niederringen. Jetzt haben alle Angst, mit mir zu reden. Alles, was sie vorbringen, ziehe ich ins Negative und stelle dazu eine Gegenfrage. Du hast absolut recht gehabt mit deinem Vorschlag!« – »Und wer sind die ganzen Leute, die Dir hierher gefolgt sind?«, wollte der Einsiedler wissen. – Der Idiot erwiderte: »Das sind alles meine Schüler, die von mir lernen wollen, was Weisheit ist!«

Der Diamant

Einst lebte in Nordindien eine alte weise Frau. Sie hatte sich für mehrere Monate zum Meditieren in die Berge zurückgezogen. Auf ihrem Rückweg hinunter ins Dorf hatte sie mitten auf dem Weg einen großen Diamanten gefunden, der sehr kostbar war.

Es dauerte nicht lange, da kam ein hungriger Wanderer ihres Weges. Die Alte öffnete ihren Rucksack, um mit ihm etwas von ihrem Essen zu teilen. Dabei fiel der Blick des Wanderers auf den kostbaren Diamanten, und er betrachtete ihn voller Ehrfurcht.

Als die weise Frau sah, wie sehr der Edelstein dem Fremden gefiel, nahm sie den Diamanten aus ihrem Rucksack und schenkte ihn dem Wanderer.

Dieser war außer sich vor Freude und setzte alsbald überglücklich seinen Weg fort. Er wusste, dass der Diamant so wertvoll war, dass er für den Rest seines Lebens keine Geldsorgen mehr haben würde.

Aber schon einige Tage später suchte er überall nach der alten Frau. Er hörte, dass sie in ihr Heimatdorf zurückgekehrt war. Er fand sie in einer einfachen Hütte am Wegesrand und gab ihr den Diamanten zurück.

»Ich habe nachgedacht«, sagte er, »ich weiß, wie wertvoll dieser Stein ist, aber ich möchte ihn dir wieder zurückgeben und dich bitten, mir etwas viel Wertvolleres zu geben: Sage mir bitte, was Dich dazu veranlasst hat, mir als Fremden diesen Stein einfach so zu schenken?«

Vom wahren Glauben

Ein Schüler kam einst zu einem Guru und klagte: »Guruji, jeder Priester und Mönch preist mir seinen Glauben als den einzig wahren an und verdammt den der anderen als falsch. Zweifel quälen mich, ich weiß nicht, auf wessen Worte ich hören soll.«

Der Guru antwortete: »Deine Zweifel sind begründet. Höre mir nun gut zu: Glaube nichts, was auf bloßem Hörensagen beruht. Glaube auch nicht an mündliche Überlieferungen, egal, wie alt und durch wie viele Generationen sie von einem Lehrer an seinen Schüler weitergegeben worden sind. Und glaube auch nichts aufgrund von Gerüchten oder weil die anderen Schüler im Ashram davon gehört haben und viel darüber sprechen. Glaube nicht, bloß weil man dir das geschriebene Zeugnis irgendeines alten Sadhus, Yogis, Gurus oder Meisters vorlegt. Und glaube auch nie etwas, nur weil Mutmaßungen dafür sprechen oder weil langjährige Gewohnheit dich verleitet, es für wahr zu halten. Glaube auch nichts auf die bloße Autorität deiner Lehrer und Priester hin. Was nach eigener Erfahrung und Untersuchung mit deiner Vernunft übereinstimmt und zu deinem eigenen Wohle und Heile wie zu dem aller anderen Wesen dient, das nimm als Wahrheit an und lebe danach.«

Glossar

Aarti

Das Verteilen oder Aufnehmen der Energie in Form einer geschwenkten Butterlampe – oftmals nach einer Meditation –, sinnbildlich für das Entzünden und Aufsteigen der Kundalini-Energie stehend.

Aham Brahmasmi

Eine der bekanntesten Akklamationen der *Veden*: Der selbstrealisierte Yogi erkennt, dass in der allgegenwärtigen göttlichen Präsenz die Trennung des Ich zum göttlichen und ewigen Brahman aufgehoben ist. Wörtlich übersetzt lautet der Ausruf: »Ich bin Brahman« – »Das ewig göttliche Selbst«, können wir hinzufügen.

Ahimsa

Ist das Gebot des Nichttötens und der Gewaltlosigkeit gegenüber allem Lebenden.

Allahabad

Eine Großstadt in Uttar Pradesh, wo Ganges und Yamuna und der unterirdisch und somit unsichtbar fließende Fluss Sarasvati zusammenfließen. Der historische Name ist *Prayag*, was »Zusammenfluss, Zusammengehen« bedeutet. Allahabad ist einer der Ausrichtungsorte der Kumbha Mela.

Amrit

Wird der »Trank der Unsterblichkeit« genannt, den sowohl Götter als auch Dämonen durch das Quirlen des Milchozeans gewinnen wollten. Dieser »Nektar der Unsterblichkeit« geht auf den Soma-Trank der *Veden* zurück, das Lebenselixier, und wird oft symbolisch durch das Gefäß dargestellt, in dem sich der Trank befindet.

Arjuna

Ist einer der Hauptprotagonisten der *Bhagavadgita*. Er stammt mütterlicherseits aus einer königlichen Familie, sein Vater Indra jedoch ist göttlicher Natur. Er ist ein Kämpfer und Krieger und ein hervorragender Bogenschütze. Sowohl er als auch seine vier Brüder sind mit Draupadi verheiratet. Auf dem Schlachtfeld von Kurukshetra steht er mit seinem Wagenlenker Krishna – nach zwölfjähriger Verbannung in den Wäldern und einem weiteren Jahr, in dem er verkleidet und unerkannt in der Gesellschaft lebte – seinen Cousins und Onkeln, den Kauravas, gegenüber. Diese weigern sich, wie einst versprochen das halbe Königreich an Arjuna und seine Brüder zurückzugeben. Aus dem Gespräch Arjunas mit Krishna entstehen die Verse der *Bhagavadgita*.

Asana

Hierbei handelt es sich um Körperstellungen im Yoga, die in einer einmal eingenommenen Haltung über eine gewisse Zeitdauer gehalten werden. Wörtlich übersetzt heißt *Asana* »Sitz«, und so wird auch die Sitzdecke umgangssprachlich *Assan* genannt.

Ashram

Im Hinduismus werden die vier wichtigsten Lebensabschnitte als die vier *Ashramas* bezeichnet; es sind die großen Perioden im Leben eines jeden Menschen: der *Brahmacharin* (Schüler), der *Gruhastha* (der in der Gesellschaft verankerte, wohltätig wirkende, verheiratete Mann), der *Vanaprastha* (der sich in die Wälder Zurückziehende) und der *Sannyasin* (derjenige, der nur noch Erleuchtung sucht und die Welt in all ihren Formen und Facetten transzendieren möchte). Da früher die Plätze der Meditation abgelegene Orte waren, meist in Wäldern lagen, wurden sie Ashrams genannt.

Avalokiteshvara

Wird der Bodhisattva der Güte und Barmherzigkeit genannt. *Bodhisattva* heißt, noch nicht ganz das vollendete Buddha-Bewusstsein und -Gewahrsein erlangt zu haben. Die eigene Erleuchtung wird hintenangestellt, und man inkarniert weiter zum Wohle aller Menschen und Wesen.

Avatar

Ist die menschliche Erscheinungsform eines Gottes, die aber nicht dem Kreislauf der Wiedergeburt unterliegt. Meist kommt ein Avatar dann auf die Erde, wenn diese in ihrer Weiterexistenz gefährdet ist.

Babaji

Mahavatar Babaji wurde bekannt durch seine Erwähnung in *Autobiographie eines Yogi* von Paramahansa Yogananda. Babaji hat die uralte Technik des Kriya-Yoga an bestimmte Schüler weitergegeben. Er ist eine mythologische Gestalt und lebt seit vielen Jahrhunderten in den Bergen des Himalaya nahe Badrinarayan.

Bhajans

Religiöse Lieder in Versform.

Bhakti

Bezeichnet Liebe und Hingabe. Besonders in der Liebe und Verehrung zu Krishna und der göttlichen Mutter wird Bhakti-Yoga als die höchste und am meisten vollendete Form der Yoga-Wege angesehen. Im Zentrum steht die Überwindung der Trennung von der oder dem göttlichen Geliebten. Diese Trennung wird wie im realen Leben als äußerst schmerzhaft empfunden. Alles Sehnen, Streben und Handeln ist auf diese Überwindung ausgerichtet. Große Werke des Bhakti-Yoga finden wir in der Kunst, der Poesie und der Musik.

Brahma

Der Gott des Schöpfungsaspekts in der Trilogie Brahma-Vishnu-Shiva. Seine Gefährtin ist Sarasvati, die Göttin des Lernens, der Künste und der Überlieferungen. Meist wird Brahma mit den *Veden* in der einen Hand und einer Mala in der anderen abgebildet. Von seinem Namen leitet sich auch die Kaste der Brahmanen in Indien ab.

Brahman

Ist nicht zu verwechseln mit Brahma, dem Schöpfergott der

Hindu-Trilogie. Das *Brahman* ist das »Eine ohne ein Zweites« im *Advaita Vedanta*, der »göttlichen Einheit ohne Attribute«, nicht in Zeit und Raum gebunden – »das, was nie geboren wurde und nie vergehen wird«.

Dattatreya

Ist eine mythologische Gestalt in der religiösen Überlieferung Indiens. *Datta* heißt »gegeben, von den Göttern geschenkt«, *Treya* ist eine Abwandlung des Namens Atri, einem bekannten Seher im alten Indien. Dattatreya verkörpert die Eigenschaften aller drei Götter – Brahma, Vishnu und Shiva – und wird als das Urbild des Lehrers und Gurus angesehen.

Devanagari

Ist ein Schriftsystem, auf dem sowohl das alte Sanskrit als auch das moderne Hindi und weitere Sprachen basieren. Der Überlieferung nach wurden die Schriftzeichen den Menschen von den Göttern gegeben, deshalb hängen die Buchstaben von einer Grundlinie herab, statt auf ihr, wie in den Sprachen der westlichen Welt üblich, zu stehen.

Dharma

Wird oft mit (ungeschriebenem) Gesetz, ethischer Verpflichtung, Sitte und Moral übersetzt. Es sind die geistigen Regeln, die es zu beachten gilt, um nicht weiterhin Karma anzuhäufen. Zu handeln und das zu tun, »was getan werden muss«, führt zu »absichtslosem Tun« – ohne Involvierung des Egos oder das Schauen auf die Früchte – und schafft somit kein neues Karma.

Dolma

Der tibetische Name für die Göttin Tara, den weiblichen Gegenpol zu Avalokiteshvara. Mütterliches Mitgefühl und barmherzige Liebe geben Unterstützung auf dem harten Weg zu Selbsterkenntnis und Erleuchtung.

Ganges

Devi Ganga, »göttliche Ganga«, wird der Ganges, ein Fluss in Indien genannt. Der Ganges ist unter den sieben heiligen Flüssen Indiens der bekannteste und bedeutendste. Viele Mythen ranken sich um seine Entstehungsgeschichte und seine Ufer, an denen sich unzählige Yogis, Einsiedler und Heilige niedergelassen, meditiert und Erleuchtung erlangt haben. An seiner Quelle strömen die eisigen Fluten aus dem Gangotri-Gletscher. Die Inder nennen den Ort *Gaumukh*, »Kuhmaul«. Den Geschichten nach soll Gott Shiva Ganga in seinem Haarknoten aufgefangen haben, als sie sich von der Milchstraße herab auf die Erde stürzte. Ganga wird in der mythologischen Überlieferung auch oft als der fünfte, unterirdisch am Berg Kailash in Tibet entspringende Fluss angesehen, der von dort aus unterirdisch bis nach Gaumukh fließt.

Gunas

Werden die drei Kräfte genannt, aus der die Urmaterie zusammengesetzt ist: *Tamas* steht für Trägheit, Dumpfheit und Dunkelheit; *Rajas* für Bewegung, Energie und Schaffenskraft; *Sattva* für Ausgeglichenheit, das Edle, Reine und Schöne.

Guru

Das Wort *Guru* bedeutet in Indien »Lehrer«, die Endung *-ji* bei *Guruji* ist eine Höflichkeitsbezeugung. Grundsätzlich wird jeder, der etwas lehrt, als ein Guru angesehen. Auch der Musik- oder Tanzlehrer ist ein Guru, dem bei der ersten Stunde eine Blumengirlande und eine Kokosnuss übergeben werden nebst einer Verbeugung und der Bitte um Unterrichtung. Meistens wird das Wort *Guru* im spirituellen Sinn (wobei die Künste in Indien nie von ihrer religiös-spirituellen Anbindung getrennt waren) gebraucht, und der Guru ist derjenige, der »die Schleier der Dunkelheit lüftet«. In früheren Zeiten lebten die Schüler mit dem Lehrer (und, wenn er verheiratet war, mit seiner ganzen Familie) in einer *Gurukul*, einer Form spiritueller Großfamilie unter Leitung des Gurus.

Guru-Yoga

Ist eine bestimmte Meditationspraxis des Vajrayana-Buddhismus. Der Praktizierende identifiziert sich mit seinem Guru, der als erleuchtet angesehen wird.

Himalaya

Das Wort setzt sich zusammen aus *Hima*, »Schnee«, und *Alaya*, »Ort«. Seit alters werden die Schneeberge als der Wohnsitz der Götter angesehen. Die Bergkette des Himalaya trennt geografisch die indische Ebene vom zentralasiatischen Hochland. Die Hänge und Bergkämme des Himalaya waren immer Ziel von Yogis, Sadhus und Einsiedlern, um an zurückgezogenen Orten und an den Ufern von Ganges und Yamuna zu meditieren.

Hiranyakashipu

War der Name des Dämons, der durch das Mischwesen Löwe-Mensch (in Sanskrit *Narasimha*), einem Avatar des Gottes Vishnu, getötet wurde.

Japa

Ist das kontinuierliche Wiederholen, Aufsagen oder Singen eines Mantras, wobei die Anzahl der Mantren anhand einer Mala, einer Gebetskette mit 108 Perlen, gezählt wird.

Jain

Die Religion der Jainas beinhaltet Gewaltlosigkeit gegenüber allem Leben unter sehr hohen ethischen Auflagen. Es gibt eine Abfolge von vierundzwanzig *Tirthankars* (selbstrealisierte Lehrer der Jainas), wobei der letzte in der Reihe einer der bekanntesten ist: Mahavir, geboren in einer fürstlichen Familie. Er lebte zur Zeit Buddhas, entsagte wie Buddha allem weltlichen Leben, war ein asketisch lebender Mönch und ordnete die überlieferten Jain-Schriften in der Form, wie sie heute vorliegen.

Jamyang Ling

Eine Schule in den Bergen des Himalaya in Zanskar. Der Name wurde von Seiner Heiligkeit, dem Dalai Lama, gegeben und bedeutet »Platz des Bodhisattvas Manjushri«, tibetisch *Jamyang* – also »Platz des Lernens, des Studierens, des Erlangens von Erkenntnis«.

Jnana

Ist der Yoga-Weg der Weisheit, der Erkenntnis. Jnana ist der Wunsch, das Göttliche, das Universum in all seinen Erscheinungsformen zu erkennen und zu verstehen. Nicht das Anhäufen von kognitivem Wissen steht im Vordergrund, sondern die Erkenntnis des All-Einen, dem Einen-ohne-ein-Zweites.

Kailash

Der Berg Kailash wird tibetisch *Kang Rinpoche* genannt und liegt in Westtibet. Er ist das Sinnbild des Berges Meru, des Weltenbergs, und Zentrum des Universums. Er wird von Hindus, Buddhisten, Jainas und Bön-Anhängern gleichermaßen verehrt. Vier der großen Flüsse Asiens entspringen in seiner Nähe. Da der Berg für die Hindus der Sitz von Gott Shiva ist und die Tibeter auf der Spitze ihre Gottheit Demchuk meditieren sehen, ist der Berg bisher nie bestiegen worden. Eine *Parikrama* – »Umrundung«, auf tibetisch *Kora*, soll das Karma eines ganzen Lebens abtragen. Sven Hedin beschreibt die Kailash-Region mit den Seen Manasarovar und Rakshastal als ein kosmisches Mandala.

Karma

Das Konzept von Ursache und Wirkung. Was immer in diesem Universum geschieht, hat Auswirkungen und birgt Rückkopplungen, die wiederum auf die Ursache und den Auslöser zurückfallen. Dadurch entsteht ein ewiger Kreislauf. Selbst Gedanken und Emotionen schaffen Formen, die an den Urheber gebunden sind und letztendlich zu ihm zurückfinden. Im Hinduismus wird gutes Karma besser gewertet als schlechtes; doch selbst die Götter müssen ihr gutes Karma abtragen, wie es das Gesetz von Ursache und Wirkung verlangt, und sind deshalb nicht frei. Der Yogi oder Sannyasin versucht bewusst, sowohl schlechtes als auch gutes Karma zu vermeiden.

Krishna

Genießt unter der Anhängerschaft Vishnus, den *Vaishnavaites*, die allergrößte Verehrung und wird als einer der Avatare von Vishnu angesehen. Er gilt als die höchste Verkörperung des Göttlichen auf menschlicher Ebene. Vishnu inkarnierte bisher in neun verschiedenen Formen – immer dann, wenn die Menschen und die Erde in höchster Not waren. Seine achte Inkarnation war Krishna, wörtlich übersetzt »der Schwarze«.

Kumbha Mela

Ist das größte religiöse Fest der Hindus. Der Name geht zurück auf das Quirlen des Milchozeans durch Götter und Dämonen, um an den Nektar der Unsterblichkeit zu gelangen, der in einem Krug aufbewahrt wird. Wörtlich übersetzt ist es das »Fest (*Mela*) des Kruges (*Kumbha*)«. Viele Millionen Menschen besuchen die Melas, vier heilige Orte wechseln sich in der Ausrichtung ab: Haridvar, Allahabad, Nasik und Ujjain. Die letzte Kumbha Mela in Allahabad 2001 wurde von mehr als 90 Millionen Menschen besucht. Yogis und Sadhus, mögen sie auch noch so zurückgezogen im Himalaya leben, kommen zu diesem Ereignis, um mit den Menschen und Pilgern ihre Erkenntnisse zu teilen.

Kurukshetra

»Feld der Kurus« wird der Ort genannt, wo wie in der *Bhagavad-gita* beschrieben der Kampf zwischen Arjuna und den Kauravas ausgetragen wird. Der Kampf dauerte achtzehn Tage und nach der Niederlage ihrer Gegner erlangten Arjuna und seine Brüder das Königreich zurück, um das sie betrogen worden waren.

Lunghi

Ein einfaches Lendentuch, früher aus einem Stück Stoff ohne Naht gefertigt.

Mahabharata

Neben dem *Ramayana*, den Geschichten des Helden Ram und seiner Frau Sita, ist das *Mahabharata* das Hauptepos des Hinduismus. Mehr als 100 000 Verse umfasst dieses Werk, das die Auseinandersetzung der Pandavas mit den Kauravas beschreibt. Der Seher Vyaas gilt als Autor. In einer geistigen Schau wurde ihm übermittelt, dass das Werk nur in einem einzigen Vorgang des Aufschreibens ohne Unterbrechung übermittelt werden könne. Niemand bis auf den Elefantengott Ganesh fand sich bereit, 100 000 Verse ohne Unterbrechung aufzuschreiben. Als sein Bleistift immer kürzer wurde, brach er sich der Erzählung nach einen Stoßzahn ab, um damit das Epos nach dem Diktat durch Vyaas zu Ende zu schreiben.

Maharani

Das weibliche Pendant eines *Maharadscha*: Fürstin, Großfürstin.

Maheshvar

Ist eine kleine Stadt im Bundesstaat Madhya Pradesh am Nord-
ufer des Narmada. Sie ist bekannt und berühmt für Seidenwebe-
reien und für die weitläufigen Badetreppen am Fluss sowie die
großen Tempelanlagen, die durch die Maharani Devi Ahilyabai der
Holkar-Dynastie im 18. Jahrhundert gebaut wurden.

Manasarovar

Südlich des heiligen Bergs Kailash in Tibet gelegener kreisförmi-
ger See, der die Sonne und die lichten Energien und Kräfte repräsentiert.

Mandala

Eine Kombination aus mehrheitlich kreisförmigen oder quadrati-
schen Darstellungen – in der Regel zweidimensionaler Art –, die
auf ein Zentrum hinweisen. Sie können in Metall gehauen werden, meist aber werden Mandalas mit feinem gefärbtem Sand
gestreut. Mandalas sind Abbilder energetischer Ordnungen, die
beim Betrachter korrespondierende innere Bilder erzeugen sollen. Im tibetischen Buddhismus wird ein Mandala nach gewisser
Zeit, oft schon kurz nach der Fertigstellung, zusammengekehrt
und in einer Puja den Elementen zurückgegeben. Dies geschieht
in Anlehnung an die Erkenntnis, dass alles endlich und vergänglich ist.

Mantra

Bedeutet »Instrument, Werkzeug des Denkens«, wobei die Silbe
tra oder *tru* auch »hindurch« bedeuten kann. Ein Mantra ist also

ein Werkzeug, mit dessen Hilfe die »Beschränkung des Geistes« durchbrochen werden kann. Es sind kurze, formelhafte Worte oder längere Reime, es gibt *Bijamantras*, Mantras mit nur einer Silbe, oder auch längere strophische Hymnen. Beim *Japa* werden meist kürzere Mantren anhand der Mala, den 108 aufgereihten Perlen, abgezählt.

Mataji

Mata steht für »Mutter«, die angehängte Endung *-ji* ist eine Respektbezeugung. Das Wort Mata wird auch oft für die »göttliche Mutter« verwendet.

Mirabai

Eine indische Mystikerin und Heilige und Vertreterin des Bhakti-Yoga , die Anfang des 15. Jahrhunderts lebte und die aus ihrer Liebe zu Krishna heraus viele verehrende Verse und Lieder komponierte und sang.

Moksha

Erlösung, Befreiung vom Rad der Wiedergeburten, Erkenntnis über den Ursprung und die Natur der Erscheinungen, Aufgehen im Brahman.

Mumukshutva

Der unabänderliche Wille zur Befreiung. Der Entschluss, alle Kräfte zielgerichtet für Erkenntnis und Erleuchtung aufzuwenden, um das Rad der Wiedergeburten in diesem Leben zu verlassen.

Narasimha

Ein Avatar des Gottes Vishnu, in der er als Mischwesen (halb Mensch, halb Löwe) die Menschen von der Schreckensherrschaft des Dämons Hiranyakashipu befreite.

Narmada

Einer der sieben heiligen Flüsse Indiens; auch »die Liebliche« genannt. Die Länge des Flusses beträgt etwa 1400 km. Er entspringt in Zentralindien in Madhya Pradesh und fließt Richtung Westen zum Arabischen Meer. An seinen Ufern wird in den Ashrams die Göttin Narmada verehrt. Auch heute noch gibt es Pilger, *Parikramas* (»Umrunder)« genannt, die den Fluss im Uhrzeigersinn umrunden.

Nirguna – Saguna

Wird in Hinblick auf das letztendliche Verstehen des »einen Göttlichen« das persönliche Gottesverständnis mit Attributen ausgekleidet, sprechen wir von *Saguna*: »mit Attributen«. *Nirguna* bedeutet, dass das Göttliche, das »Eine ohne ein Zweites«, naturgemäß keine dualistischen Attribute beinhalten kann.

Om

Steht für den Ursprung allen Seins, von »all dem, was ist«. Om symbolisiert das Brahman, das Absolute, den Zustand des allumfassenden Seins, aus dem heraus alles, in seiner manifestierten oder nichtmanifestierten Form, entstanden ist. Om wird oftmals auch AUM geschrieben, wobei in dieser Schreibweise der Buchstabe A für Brahma steht, das schöpferische Element, U für Vishnu, das erhaltende, gestaltende und nährende Prinzip, und M für Shiva. Durch das Singen des Om nähern wir uns dem Absoluten durch den Klang seiner konzentriertesten Form an. Eine Besonderheit ist, dass nur beim Rezitieren des U, dem Laut des Hier und Jetzt, Obertöne in vielfältigster Klangfolge entstehen, aber weniger oder gar nicht bei den Lauten A und M.

Padukas

Sind Holzsandalen, die oftmals auf der Unterseite vorn und hinten mit einem Steg versehen sind. Zwischen dem großem und dem folgendem Zeh befindet sich ein Knauf, mit dem die Sandale gehalten wird. Padukas werden oft anstelle des Meisters oder Gurus verehrt und dementsprechend mit Blumen und Girlanden geschmückt.

Paramahansa Yogananda

War einer der bedeutendsten indischen Lehrer und Meister, die im Westen gelebt und gelehrt haben. Sein Hauptwerk ist die *Autobiographie eines Yogi*. In den USA gründete er die »Yogoda Satsanga« sowie die »Self-Realization Fellowship«. Über die Linie seines Gurus Shri Yukteshvar Giri machte er das Kriya-Yoga weltweit populär. Premavatar, »göttliche Inkarnation der Liebe«, ist einer seiner Titel.

Param Guru

Wird der Lehrer des Lehrers genannt.

Puja

Eine Zeremonie, meist von Mantren begleitet; häufig werden auch Ritualgegenstände eingesetzt. Eine Besonderheit ist die Feuerzeremonie, in der die Reinigung der Elemente vollzogen wird. Diesen rituellen Handlungen liegt der starke Wunsch nach Befreiung und dem Heraustreten aus dem Rad der Wiedergeburten zugrunde.

Puranas

Wörtlich »alte Geschichten«; alte überlieferte Texte der heiligen Schriften Indiens.

Rakshastal

Der neben dem Manasarovar-See gelegene See in der Form einer Mondsichel; daher steht er eher für die dunklen Seiten und Kräfte des Universums. Im Gegensatz zum Manasarovar-See gibt es nur eine einzige Gompa, wo Pilger ihre Andachten verrichten, weil der See ansonsten eher gemieden wird.

Rishis

Sind Seher und Weise, die oft in Einsiedeleien abgeschieden vom geschäftigen Treiben der Welt leben. Die Rishis waren die Übermittler der *Veden*; auch soll ihnen die Devanagari-Schrift von den Göttern gegeben worden sein.

Sadhana

Wird die spezielle Disziplin genannt, die der Yogi oder der Schüler auf seinem Pfad anwendet, um Erleuchtung zu erlangen. Dies können Yoga, bestimmte Meditationen oder Zeremonien sein, die zur täglichen Praxis werden. Sannyas kann als ritueller Abschied von der Welt, als Entsagung allen weltlichen Dingen und Geschehnissen gegenüber genommen werden. In dieser Welt, doch nicht von dieser Welt zu leben, die Welt als »Schall und Rauch« zu erkennen, die Verstrickung in weltliche Geschehnisse aufzulösen und einzig auf Moksha, die Erleuchtung hinzuwirken: Das ist der Grundgedanke der Sadhana.

Sadhu

Ist ein Asket, der allen weltlichen Dingen entsagt hat und ausschließlich in seiner spirituellen Praxis lebt.

Saka Dawa

Der Vollmond im Monat Mai oder Juni, an dem Buddhas Geburt, Erleuchtung und Eingang in das *Parinirvana* gefeiert werden. Im Theravada-Buddhismus und der hinduistischen Welt entspricht Saka Dawa dem Vesakh-Fest. Der genaue Termin variiert jedes Jahr und wird durch den Mondkalender festgelegt.

Samsara

Die Welt in ihrer flüchtigen Erscheinungsform, der Vergänglichkeit unterworfen, und deshalb nicht das ewige, zeit- und formlose *Atman*; wird oft auch als das Rad der Wiedergeburt dargestellt.

Sangam

Bedeutet wörtlich »zusammengehen, ineinander verschmelzen« und bezeichnet den Ort des Zusammenfließens von mindestens zwei Flüssen.

Sanskrit

Ist die Sprache des alten Indiens und der *Veden*. Lange Zeit war Sanskrit ausschließlich den Brahmanen vorbehalten, die somit als Einzige die Autorität in der Auslegung der heiligen Schriften besaßen.

Sarasvati

Der Name sowohl für die weibliche Göttin und Gefährtin des Schöpfergottes Brahma als auch für einen nach ihr benannten, unterirdisch fließenden Fluss, der bei der Stadt Allahabad mit den heiligen Flüssen Ganges und Yamuna zusammenfließt.

Shaligram

Ein besonderer Stein, oftmals schwarz, meist mit Einschlüssen aus prähistorischer Zeit. Gott Vishnu wird mit diesen Steinen assoziiert, die in Nepal in der Region des Kali Gandaki bei Muktinath gefunden werden.

Shambhala

Ein geheimes und mythisches Königreich, das in den Weiten der tibetischen Hochebenen gelegen sein soll. Negative Werte wie Hass, Gier, Unzufriedenheit haben hier keinen Bestand, es ist ein Ort, an dem kein Mangel herrscht. Durch die Jahrhunderte hindurch wurde diskutiert, ob Shambhala der physisch sichtbaren oder eher der geistigen Ebene zuzuordnen sei. Das Kalachakra-Tantra, das als die höchste aller Tantra-Lehren angesehen wird, wird mit dem geheimen Königreich Shambhala assoziiert.

Shankaracharya

Adi Shankaracharya, im heutigen Kerala geboren, lebte zu Beginn des achten Jahrhunderts. Er wurde mit sechzehn Jahren Sannyasin, reorganisierte den Sannyas-Orden, zog die meisten seiner Lebensjahre durch Indien, lehrte, komponierte Bhajans und Stotrams und schrieb viele Kommentare zu den *Veden* und *Vedanta*. Auf ihn geht die Gründung der vier Hauptsitze des Ordens im Norden, Süden, Westen und Osten des Landes zurück.

Shat Sampat

Beinhaltet die sechsfachen Tugenden: *Sama* (Gelassenheit), *Dama* (Kontrolle der Sinne), *Uparati* (Abkehr von Sinneseindrücken), *Titiksha* (Duldung und Ausdauer), *Shraddha* (festes Vertrauen) und *Samadhana* (Festigkeit des Geistes). Durch Distanzierung von den Sinneseindrücken, die Kontrolle über die Sinneseindrücke, das Abwenden des Geistes von Sinneseindrücken, das Dulden von gegensätzlichsten Eindrücken und das unerschütterliche Vertrauen und die absolute Aufmerksamkeit und Konzentration auf das Ziel wird Erlösung vom Rad der Wiedergeburten erlangt.

Seva

Ist das selbstlose Dienen gegenüber der Gemeinschaft oder seinen Mitmenschen, wobei nicht auf die Früchte der Handlungen abgezielt bzw. Belohnung erwartet wird.

Shastri/Shastriji

Einer, der die heiligen Schriften, die *Shastras*, kennt und auslegt.

Ein Schriftgelehrter und Kundiger der *Veden,* der *Puranas* und der Philosophie des *Vedanta.* Wird auch als Ehrentitel nach langem Studium des Sanskrits verliehen.

Shiva

Ist eine wichtige Gottheit in Indien. In seinen vielfachen Formen repräsentiert er den wohlwollend auflösenden bis hin zum zerstörerisch rasenden Aspekt in der Trilogie von Brahma, Vishnu und Shiva. Seine Aufgabe ist das Zurücknehmen der Materie. Als *Maha Shiva* allerdings wird er von der großen Zahl der Shivaiten als über allen Göttern stehend verehrt. Seine Gemahlin ist Parvati; zusammen mit dem gemeinsamen Sohn Ganesh stehen sie für das Urbild der göttlichen Familie. In den Schriften der Shiva-Puranas sind eintausendundacht Namen von Shiva aufgeführt, die für seine vielseitigen Manifestationen stehen.

Shiva Advaita

Die Nichtdualität, besonders von Adi Shankaracharya Ende des achten Jahrhunderts propagiert. Adi Shankaracharya wird als eine Emanation Shivas angesehen. Shiva Advaita ist die Betrachtung aller Erscheinungsformen als flüchtig, ohne Bestand, geschaut in einem kurzen Aufflackern in Raum und Zeit; Erkennen des attributlosen Einen, weder geboren, noch je vergehend.

Stotram

Als *Stotra* (oder Stotram) werden religiöse Lieder in metrischer Versform bezeichnet. Meist sind es Hymnen, die besonderen Gottheiten geweiht werden.

Tabo

Spirituelles Zentrum in Spiti im Himalaya im indischen Bundesstaat Himachal Pradesh mit berühmten Wandmalereien und figür-
lichen Darstellungen aus der zweiten Blütezeit des Buddhismus
im 11. Jahrhundert.

Tali

Bezeichnet heute einen größeren, runden Teller mit einem Rand.
»Ein Tali essen« heißt in einem Restaurant sein (Sanskrit *Bhoja-
nalaya*, »Ort der Nahrungsaufnahme«), wo unbegrenzt für einen
bestimmten festen Preis so lange nachgefüllt wird, bis der Kunde
gesättigt ist.

Tapas

Auch *Tapasya* genannt, beinhaltet körperliche und geistige Reini-
gungsübungen, oft über viele Jahre hinweg. Der Wortstamm bedeutet »Hitze« – in der Hitze des Feuers werden die geistigen und
körperlichen Unreinheiten verbrannt; der Geist wird durch spirituelle Übungen, Yoga, Mantra und Tantra gereinigt.

Tapovan Maharaj

War Sannyasin und ein großer Gelehrter des *Vedanta*. Seine
bekanntesten Schüler sind Swami Chinmayananda und Swami
Sundarananda. Er war zumeist wandernder Asket mit einer Hütte am Ganges in Gangotri; er unternahm viele Pilgerreisen, u. a.
nach Tibet und zum Berg Kailash.

Tarpoche

Tar wird der lange Mast genannt, der zum Saka Dawa Fest im Westtal des Berges Kailash jedes Jahr neu mit Gebetsfahnen geschmückt und mithilfe vieler Taue von Menschenhand gezogen senkrecht aufgestellt wird. Er steht als glücksverheißendes Symbol für die Standhaftigkeit und Unbeirrbarkeit des menschlichen Geistes und erinnert an diesem Vollmondtag an Buddhas Geburt, Erleuchtung und Parinirvana.

Trisuparna

Eine in der *Rigveda* enthaltene Rezitation. *Tri* bedeutet »drei«, *su* »hübsch« und *parna* »Flügel«. Ein Brahmane sollte die drei wichtigsten Teile der *Veden* kennen.

Triveni

Wird der Zusammenfluss von drei Flüssen genannt.

Upanishaden

Religiös-philosophische Texte; wörtlich übersetzt bedeutet *Upanishad* »sich zu den Füßen des Lehrers niederlassen«. Der Lehrer vermittelt und lehrt die Essenz des Brahman, des universellen Einen und seine Widerspiegelung in jedem einzelnen Lebewesen durch das Atman.

Vairagya

Leidenschaftslosigkeit; weder Zuwendung noch Abneigung, jedoch dabei die sozialen Verpflichtungen und Aufgaben erfüllend.

Varanasi

Wurde früher *Benares* genannt. Der alte vedische Name ist *Kashi*: »Stadt der Tausend Lichter«. Es ist die Stadt Shivas am Ganges. Zu ihr reisen unzählige Pilger, um an diesem heiligen Ort zu sterben. Im Vishvanath-Tempel wird einer der zwölf Jyotirlingams Indiens verehrt. Die Jyotirlingams sind die leuchtenden (symbolischen) Lingams des Gottes Shiva. Einst versprach er seinen Verehrern, dass an diesen zwölf Plätzen auf der Erde seine Essenz und seine Energie durch alle Zeiten hindurch vorhanden sein würden.

Veden

Die *Veden* sind Sammlungen von religiösen Texten, die mündlich von Generation zu Generation, vom Lehrer zum Schüler übermittelt wurden. Die Urheber sind die alten Rishis. Sie sind in vier Hauptgruppen unterteilt: *Rigveda, Samaveda, Yajurveda* und *Atharvaveda.*

Vishnu

Für seine Anhänger, den *Vaishnavas*, ist Gott Vishnu die höchste Manifestation des Göttlichen. In der Trilogie Brahma-Vishnu-Shiva steht er für das erhaltende Element, die Gegenwart, die Präsenz im Hier und Jetzt. Zur Aufrecherhaltung des Dharma und des Gleichgewichts in dieser Welt inkarniert Vishnu in seinen verschiedenen Avataren, wenn die Balance der Kräfte zu kippen droht. Seine Gemahlin ist Lakshmi, die Göttin des Reichtums.

Viveka

Ist die Eigenschaft zur grundlegenden Unterscheidung, was wirklich ist und was unwirklich – was vergänglich ist und was unvergänglich.

Yogi/Yogini

Nach Yvonne Browne, einer bekannten Yogatherapeutin, ist ein Yogi oder eine Yogini jemand, der bzw. die auf das letztendliche Erfassen der einen Wahrheit hinarbeitet: »Wer bin ich?« Hierbei spielen eine asketische Lebensweise, die Ausübung von religiösen Zeremonien und das Praktizieren von Yoga oftmals eine wichtige Rolle.

Zanskar

Eine abgeschiedene und über 3000 m hoch gelegene, überwiegend bäuerliche Region in den westlichen Bergen des Himalaya; politisch im Kargil-Distrikt gelegen, der als Teil Ladhaks dem Bundesstaat Jammu & Kashmir zugeordnet ist. Umgangssprachlich auch *Klein-Tibet* genannt.

Glossar • • • • • • • • • •

Zum Weiterlesen

Balsekar, Ramesh: *Wo Nichts ist, kann auch nichts fehlen: Wozu die ganze Aufregung um Erleuchtung?* München: Lotos 2008.

Cleary, Thomas: *Zen-Geschichten: Begegnung zwischen Schülern und Meistern.* DG 132. München: 1993.

Dalai Lama: *Der Friede beginnt in dir. Wie innere Haltung nach außen wirken kann.* Freiburg: Herder Spektrum 1998.

Desikachar, T. K. V.: *Über Freiheit und Meditation – Das Yoga Sutra des Patanjali: Eine Einführung.* Übertragung und Kommentar von T. K. V. Desikachar. Petersberg: Via Nova 1997.

Drukpa Rinpoche: *Tibetische Weisheiten.* München: dtv 1999.

Griffith, Ennea Tess: *Geschichten zur Erleuchtung: Der spirituelle Weg in Geschichten.* Saarbrücken: Farren Bel 2000.

Hawley, Jack: *Bhagavadgita – Der Gesang Gottes: Eine zeitgemäße Version für westliche Leser.* München: Goldmann 2002.

Iding, Doris: *Alles ist Yoga. Weisheitsgeschichten aus dem Yoga.* Darmstadt: Schirner 2010.

Kornfield, Jack: *Frag den Buddha – und geh den Weg des Herzens.* München: Kösel 1995.

Kornfield, Jack: *Das strahlende Herz der erwachten Liebe.* Freiamt: Arbor 1991.

Kornfield, Jack: *Geschichten des Herzens.* Freiamt: Arbor 1991.

Markides, Kyriacos C.: *Feuer des Herzens.* Darmstadt: Schirner 2004.

Magi, Gianluca: *Lieber ein intelligenter Feind als ein dummer Freund: 101 witzige Lehrgeschichten.* München: Goldmann Arkana 2009.

de Mello, Anthony: *Eine Minute Weisheit.* Freiburg: Herder 2001.

de Mello, Anthony: *Eine Minute Unsinn.* Freiburg: Herder 2001.

de Mello, Anthony: *Was bringt das Pferd zum Fliegen?* Freiburg: Herder 2002.

de Mello, Anthony: *365 Geschichten, die gut tun. Weisheit für jeden Tag.* Freiburg: Herder 2006.

Merton, Thomas: *Die Weisheit der Wüste.* Frankfurt: Spirit Fischer 1999.

Merzel, D. Genpo: *Durchbruch zum Herzen des Zen.* DG 111. München: 1991.

Mehta, Gita: *Narmada oder Geschichten vom menschlichen Herzen.* München: Droemer Knaur 1993.

Paramahansa Yogananda: *Autobiographie eines Yogi.* München: Knaur 1992.

Paramahansa Yogananda: *Der Yoga der Bhagavadgita.* Los Angeles: Self-Realization Fellowship Publishers 2008.

Ramana Maharshi: *Sei, was Du bist!* München: O. W. Barth 2001.

Sri Chinmoy: *Veden, Upanishaden, Bhagavadgita.* DG 107. München: 1994.

Stierle, Evelyn: *Magic is real. Die Magie des Lebens.* Hamburg, Phänomen 2013

Über den Autor

Bernd Balaschus

Absolvierte eine Ausbildung als Organist an der Kirchen-musikschule, studierte später Architektur; anschließend langjährige Kameraarbeit für Film und Fernsehen. Darauf folgten sieben Jahre Aufenthalt in Indien mit Studium der Veden, des Sanskrits und der Mantra-Rezitation. Ausbil-dung in »Nada Brahma«-Musiktherapie bei Vemu Mukunda. Nach seiner Rückkehr aus Indien Ende der Achtziger-jahre gründete er »Shambhala tours & meditation«, die »InnerLight«-Seminare und den gemeinnützigen Verein »Shambhala e.V.«. Er ist Initiator des Schulprojekts »Jamy-ang Ling« in Reru/Zanskar im indischen Himalaya.

www.shambhala.de
info@shambhala.de

MAGIC IS REAL
Die Magie des
Lebens

Evelyn Stierle

tredition

Website: www.evelynstierle.com

FSC
www.fsc.org
MIX
Papier | Fördert
gute Waldnutzung
FSC® C083411

Zeitfracht Medien GmbH
Ferdinand-Jühlke-Straße 7
99095 Erfurt, Deutschland
produktsicherheit@kolibri360.de